寫給小朋友的 國際禮儀

小紳士艾倫的 聖誕節

吳致美 著

自序

「有人說我看起來很甜美，我猜是我很喜歡吃甜點的關係。」但實際的答案是我很喜歡「笑」的緣故，我一直認為「笑容」是世界上最美好的事，每個人面對喜愛事物時，都會露出自己最真誠的笑容，不需要刻意去修飾假裝，不需要濃妝豔抹，只是展現單純的美好、最可愛的樣貌。「笑容」易使人充滿「正面能量」，能感染身旁的家人朋友，以積極的態度面對未來；迎向人生，希望每個人都能讓自己用「笑容」與「快樂心態」過每一天！

我自認為是「不務正業」的人，所學跟工作往往不吻合，原本應該安安穩穩走入教職為人師表；作育英才，卻往服務業與餐飲業做人員教育訓練，或擔任各企業的服務顧問，原因在於我喜歡去研究觀察「人」的行為，與其說我是研究人類行為的學者，倒不如說我喜歡觀察人在社會舞台中展現出有趣的「社會表演」。

現在的小朋友直爽地表現出「做自己」，常忽略了人與人相處需要「禮貌」與「尊重」當潤滑劑，緩衝人與人之間的摩擦。英國約翰‧洛克（John Locke哲學家、經驗主義創始人）禮儀名言：「禮

儀的目的與作用本在使得本來的頑梗變為柔順，使人們的氣質變溫和，使他能尊重別人也和別人合得來」。有禮貌有笑容的人，可以將彼此的距離快速地拉近，更可讓冰冷的人際關係充滿彈性與可塑造性。孩子的禮貌是父母與學校共同教養出來，而父母是孩子的「鏡子」，孩子反映出父母在教養上的用心與狀況。禮貌的孩子是可以用陪伴與耐心培養出來的，願所有的孩子們都能平安快樂的成長與學習，成為知書好禮、體貼他人、融入團隊的好年輕人。

　　最後，誠摯地特別感謝「世緣企業有限公司」的Amy Wang王總經理。Amy她對小朋友的生活禮儀與教育細節總是表現出誠摯地關心與給予實際的資助，當她得知筆者有意出版「親子版國際禮儀」書籍想法後，便立即表達願意給予協助，用意在給予小朋友學習禮儀上萌發「善知識」種子能從小播種灌溉起。我們有著共有的初衷：想幫孩子們傳導一些禮儀、禮貌的知識與了解如何學習優雅舉止。非常謝謝Amy您給予的協助，在此感謝您的善良與分享。

　　「認識自己，尊重他人」是進入學習「國際禮儀」的第一步。多給孩子一些「時間」和「陪伴」，有天他們會帶著更自信與勇氣去探索這個世界，用一種更積極的態度去面對未來。讓自己勇敢多一點，快樂也會多一些，主動跨出步伐去探索與多方嘗試，主動與人合作親近，擁有積極樂觀的人生態度去面對，我想這應該就是我們對孩子最大的祝福。

　　「感謝」換句話就是：「感恩與知足」，一直是我持續前進的力量。也願一切閱讀到此書的小朋友與大朋友們擁有「愉快樂活用心學習，優雅從容面對生活。」

吳致美
2018.10.12

目錄
Contents

Thank you!

　　想寫本給兒童看的「國際禮儀」，一直是放在我心底的想法，如今終於跨出這一步。想要以孩子視角來看「禮儀」這件事，有哪些「禮儀規範」是可以提供給大人做為孩子行為舉止的參考。在坊間書架上有各類型的「國際禮儀」的書籍，洋洋灑灑敍述著許多規矩與禮儀，的確是寫給「成人」了解的禮儀書，但是「禮儀」對孩童來說，應該是由小培養起的觀念態度與習慣養成，與其教導小朋友不該做什麼事、不該說什麼話，不如由生活細節裡去告訴他們「如何去作」與「如何做的更好」，利用遊戲設計的戲劇扮演、說故事模式以及問答的方式讓小朋友理解──如何的行為舉止是符合禮儀規矩要求，才能贏得更多人緣與友誼建立。

　　「禮儀」簡單說就是要懂如何「尊重他人」以及做到「尊重他人」，做任何事都不能以「自我」為中心，不能我行我素、恣意妄為，必須按照約定成俗的規矩與做法，在團體中與他人保持有一定的距離與分寸，維持彼此和諧的相處。「禮貌」其實與貧富或社會身分地位是無關，有些經濟條件較差的人也是非常有禮貌，有些富有的人卻驕傲無禮、反倒讓人鄙視。我曾任職過某個航空公司的空服員，在飛機上為乘客提供安全與客艙服務，見識過許多乘客所表現的搭機行為，有些人舉止恭謙有禮，但有些乘客卻讓人不敢恭維，變成同機其他旅客與空服員口中的「奧客」，除了在飛行旅途感受度極差，搭機心情更是不佳，這些感受雖不至於影響飛行安全，但在人際關係互動上已給予該名乘客極差的「負面評語」。其

實大部分原因可能出自於：所謂「奧客」與其他人在互動上表現出是「粗魯無禮」或「態度差」所導致。

　　記得筆者在某大學教授「國際禮儀」課程，剛開始被某些學生當成營養學分來修課，認為「國際禮儀」應該就是教導說話、走路、坐下等簡單的規矩，上課內容應該是輕鬆學習較為無分數壓力的通識課程。但實際接觸後，學生發現「禮儀」的學習需要結合食衣住行育樂等生活規範外，課程還會結合藝術、美學與生活科學的綜合學習，內容範圍包羅萬象，有時還必須結合授課當時所發生的時事與社會現況作出分析調整，提供適合的行為舉止與應對技巧，是一門非常有趣且實用性強的「社會表演學」課程。

　　這本書不想寫得太艱澀、太繁雜的「國際禮儀」去讓小朋友們了解，只想用簡單的「聖誕節」宴會為主軸去引導小朋友在參加快樂餐會時，延伸一連串相關生活的經驗去結合禮儀，讓「禮貌」深入日常生活中，透過一位小朋友艾倫與家人朋友間互動的對話，一探「國際禮儀」在生活中如何實際運用。

　　這本也是寫給小朋友與爸媽閱讀的親子「國際禮儀」，雖然無法面面俱到詳述所有禮儀層面，若有遺漏之處在此先行致歉。而未編錄在此的禮儀部分，希望能出現在下一本書中。更希望藉由父母的「陪伴閱讀、共享成長」使小朋友成為更具有體貼與同理心，成為恭謙有禮、尊重他人、具有同理心、高尚優雅的現代人。

1
禮儀的重要

　　平時在家在學校，爸爸媽媽與老師們都會要我們注意禮貌，究竟「禮貌」的重要在哪裡？又為何要注意「禮儀」呢？「禮儀」是人與人相處的規則，所謂「無規矩不成方圓」，在我們日常生活食、衣、住、行、育、樂與生活中人際關係互動的婚、喪、喜、慶的習俗都是在有禮有節的情況下進行，人與人之間互動才能維持良好和諧氣氛。

　　「禮儀」必須符合身分與場合，知書達禮才符合禮儀要求，過與不及都會讓人覺得突兀，讓人覺得很失禮。「國際禮儀」起先是從法國宮廷中一堆繁複的宮廷禮儀開始，經過英國宮廷與貴族做修正改良，之後在美國殖民社會各個民族大融合淬鍊後，使「禮儀」更加合理、更生活

化就演變成今天世界各地人際關係互動的一套基本禮儀守則。西方文明國家的傳統禮俗、習慣風俗與經驗為主，演變成我們現在對於各國文化與禮儀均應予以尊重，做到「入境隨俗」（意謂既然到了當地就得依循當地習慣規矩），尊重其他國家的風俗民情與習慣，這是一個以「地球村」的通則概念。學習「禮儀」會很困難嗎？其實一點也不會，你只要多一分注意禮節與禮貌的使用，就會發現「國際禮儀」並不會困難，現在就由我——艾倫帶領你一同學習簡單屬於小朋友的「國際禮儀」。

　　我是艾倫，很高興邀請你與我分享——我參加聖誕節宴會的一天，學習到小朋友的禮儀規矩，也分享我在這一天豐富緊湊的行程；很有趣喔！

　　今天是我媽咪的生日，我想幫媽咪慶祝但她總說不用了，她說只要我記得今天是她生日就好。介紹一下我的媽咪——米雪兒，她有親切溫暖的笑容，在大學裡她教導大學生的哥哥姊姊們學習「國際禮儀」課程的老師。她喜歡說故事讓我去了解許多事理，雖然有時我會嫌媽咪嘮叨個沒完，但她總不會輕易生氣，連我爹地都說她EQ高（EQ情緒商數：是一種自我情緒控制能力的指數）。記得媽咪常說：「處理困難的事要先處理好情緒，事情才能順利圓滿解決。」媽咪總說她是七十分的中等美女，但我媽咪永遠是我心中最漂亮、最棒的媽咪。

　　我這個小朋友沒有太多的錢可以在她生日時候買份好的禮物送給她，我可以做到是親手畫一張獨特的「生日卡片」，希望我媽咪生日快樂，健康開心度過每一天。我

的媽咪跟爹地總會記住我的生日，也會為我來慶生，現在我慢慢長大也希望我的懂事體貼可以讓我爸媽看見。雖然我還是個小朋友，可以給出的東西對一般人來說是非常簡單，一張祝福滿滿的「手繪生日卡」對我家人來說，卻是珍貴無比的，卡片除了表達我對爸媽的祝福外，也記錄下我成長的軌跡，見證了我成長與懂事，所以每一位小朋友不要忘記將對自己爹地媽咪、爺爺奶奶以及家人們去表達對他們的愛與關懷喔！

禮儀小老師給家長的小叮嚀

1）一個人擁有什麼樣的思想，就會產生出怎樣的行為。而後出現什麼樣的習慣與性格，然而性格則會決定此人會有什麼樣的「命運」。在小朋友從小的養成教育中，父母親的教導與重視禮儀就是一種行為習慣的培養。有些家長很重視家庭教育，經常會陪伴孩子與他們談心，開家庭會議向孩子灌輸正確的理念。而家庭教育中最基本的東西是什麼？其實就是家庭生活、家庭習慣與禮儀培養。我們不能保證每一個孩子都很有天賦，在學習成績上都非常優異，每一位都是精英傑出，但身為父母的我們可以培養我們的孩子成為受歡迎的人。一個被眾人接納程度高的孩子，更容易建立起良好的人際關係，有利於他日後在學業事業的發展，更會提高孩子的「幸福感」。有禮貌有教養、懂得尊重別人、理解他人的孩子，同時也具備良好的行為與日常習慣。而那些會去搶別人東西，接到禮物會直接問禮物多少錢，看到不如自己能力就會嘲諷挖苦別人的孩子，都是不受歡迎的，在日後也非常容易產生挫折感與自憐自艾的心態，因為少了了「同理心」也無法與他人共處攜手合作的緣故。所以父母可以思考：「禮儀」的教導與觀念灌輸，是否是一件培養良好個性的重要方式之一，用「禮儀」改掉孩子身上的壞習慣，一個孩子的「公民意識」也是必須小培養起，如果不重視這方面的教育，20年後孩子會變成一個高收入、高成就、高社會地位的人士，卻被人標記上「沒教養」、「蠻橫無禮」的標誌，相信這是你我不樂見的狀況。

2）對於孩子「生日」的慶祝方式，有些父母攪盡腦汁希望給孩子難忘的生日宴會，但可以做另類思考的是：光給孩子禮物就能讓孩子開心，培養出體貼快樂的孩子嗎？大人送禮物給孩子，原是希望在這個屬於他的日子能夠讓他開心、快樂，但另一方面我們也想藉由孩子生日教導他懂得「感恩」。「生日」不單只是屬於孩

子的特別日子，也是媽媽為了生下他受盡痛苦的日子，所以我們可以決定給孩子在每個生日時能接受大家的祝福，也必須準備一份禮物送給媽媽，感謝媽媽帶他來到世界，孩子生日也等於「母難日」，用另種思維替孩子慶生，讓生日更富有教育意義與凝聚家庭共識，藉此培養出體貼他人、有同理心的孩子，所以讓「過生日」轉化成更有含義的家庭聚會，可以提供給身為父母的我們做思考。

3）相信爸爸媽媽們都收過孩子手繪的「生日卡片」，可愛的筆觸加上歪歪斜斜的字體呈現在紙上，加上天馬行空不受約束的繪畫風格，一張「量身訂做」的爸媽生日卡就已經讓爸爸媽媽非常感動、開心無比。禮物價格對父母親而言從不是衡量心意的重點，只要孩子與家人們都平安健康就是最好的生日禮物與祝福，偶而孩子們不搗蛋作亂；多幫忙分擔一些家務，相信也是父母親最棒的禮物。學習「禮儀」的用意也在此：有「同理心」去關心他人，與他人共事相處時能有「分享」的觀念，尊重他人也能回饋成為尊重自己，這樣自然有助於友好人際關係的建立，進而提升自我肯定與信心喔！

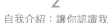

2 自我介紹：讓你認識我

嗨！大家好，我的名字是艾倫也可以叫我Alan，我是10歲大的男孩。我跟同年齡的大家一樣喜歡上學也喜歡到戶外走走，接觸大自然，喜歡交朋友也喜歡小動物，喜歡畫畫唱歌也喜歡運動，大家常會問我「Alan你長大想做什麼？」這就是大家常寫的「我的志願」。

我想做的志願好多喔！我現在還沒有確定，想成為一位拯救病患的醫生，想當一位翱翔天際的飛行員，或是一位廚藝佳的大廚師，或是一位創意十足的室內設計師⋯⋯

這些我都有興趣喔！幸好媽咪與爹地總是鼓勵我放手去接觸許多有趣的事物，希望我能在其中玩得開心，從興趣中去發掘自己未來的志向。雖然學校在課程安排上有些我並不是很喜歡，但是我學習成績還不算太差，嘻嘻！上學每天可以學習很多不同的知識與常識，我非常喜歡上學，學校生活對我就像是每天充滿新奇的知識學習旅程，你呢？相信你也跟我一樣喔！喜歡學習各種不同事物；開闊視野增廣見聞，也喜歡上學能跟同學們一起玩一同上課。

禮儀小老師給家長的小叮嚀

1）世界上各種專業或職業類型多樣化且複雜，孩童與青少年對職業的理解卻僅有九牛一毛的程度。在青少年階段生活經驗與視野本來就比較侷限，尤其是在台灣封閉式的教育體系下，孩子對職業的了解大都來自父母與周遭生活的體驗，在生活中遇到有權威與知識的人，大都會與生活細節習習相關，在小朋友理解的職業幾乎只有老師，看病時的醫生；或是出現在電影電視媒體上的影歌星與新聞主播等，再加上一些家族親友們所從事的職業。這些職業就是孩子接觸的所有，所以談論「我的志願」其實都是按照父母期待所做出的回答，而非孩子自己了解後做出的選擇決定，所以父母有義務去協助孩子發掘自己有興趣的志願（並非只有求學念書一途而已），安排拓展孩子的視野，了解各行業的歷程與所學、甘苦與收穫，擁有一技之長在身日後就能有所發展，也能成為工作營生的選項。

2）孩子的志向與夢想父母應協助他去實現，父母的心態應從「安排轉為引導」，父母應該花時間觀察孩子舉動，去發現孩子做那些事會「廢寢忘食」，這就是他興趣所在。現在「興趣」也可當飯吃，儘量別去澆熄孩子的目標與想法，這也是身為父母們要學習成長的功課。無論成為什麼樣職業的人才，只要孩子有興趣做起來就不會感覺疲累並考量現實問題，能支撐他未來所需，建議父母應該也要學習擔任「協助者」角色，而非主導者，成為父母的我們也需要不斷地學習跟隨孩子成長的速度，才能做一位稱職父母喔！

3）經常協助孩子去做「口語學習」的自我介紹，多讓孩子去開口說話，協助他將想法轉化成語彙詞句做出表達，可讓孩子不懼怕開口說話（尤其在多人面前說話），勇於表達自己的想法，這樣的「口語訓練」可以幫助孩子不會怯場去展現自己，增加自信心的培養。

3
收到聖誕節餐會的邀請

　　今天是愉快的星期天，我有個聖誕宴會的邀約，要去拜訪我的好朋友小傑（Jeff）。小傑是我最好的同學與好朋友，我們幾乎每天都會見面，下課後也會用電話聯絡上課時遇到的作業問題，我們會一起討論功課、一起遊戲，所以我們是最好……最好的朋友。

　　在上星期六我媽咪收到一封「邀請卡」是由小傑的父母親寄來的，卡片的內容是小傑家人想在聖誕節時候舉辦一個「白色歡樂聖誕節餐會」想邀請我們家人一同參加，還有許多的同學與朋友也受到了邀請。漂亮又雅緻的「邀請卡」一看見卡片就散發出濃郁的聖誕節氣氛，「叮叮

噹、叮叮噹、鈴聲多響亮……」我彷彿就可以聽到聖誕節
歡樂的歌聲，看見聖誕老人駕著麋鹿雪橇，踏著片片雪花
四處分送祝福與聖誕禮物。媽咪也在收到卡片後很快在卡
片上做出了回覆，在邀請卡上勾選了「參加」，但很可惜
我爹地因為有事無法參加，這次聖誕宴會就由我跟媽咪一
同前往去參加。

　　這次聖誕宴會還安排一項小節目：「聖誕禮物交
換」，讓參加宴會的小朋友們自行準備一樣小禮物，價格
不能超過七百元，在用餐後進行摸彩；交換彼此準備的禮
物，這讓我覺得非常有趣，我想這活動的安排是希望透過
彼此交換大家細心準備好的小禮物，象徵把「祝福」彼此
分享交換，好期待「聖誕宴會」的到來喔！

 邀請卡

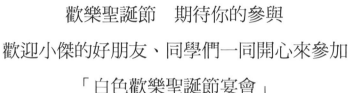

歡樂聖誕節　期待你的參與

歡迎小傑的好朋友、同學們一同開心來參加

「白色歡樂聖誕節宴會」

日期：2018／12／23（星期日）　　時間：晚上6：30分

地點：小傑家（地址：民權東路X段XXX號）

形式：自助餐（Buffet）

服裝：請小朋友穿自己喜歡服裝來參加

備註：請參與小朋友攜帶一份聖誕禮物做交換

　　　（禮物價格請不超過七百元）

回函：□參加（人數　　　　人）　　□抱歉，無法參加

聯絡電話：0928XXX777（小傑媽咪：梅西Macy）

禮儀小老師給家長的小叮嚀

1）請帖、邀請卡上附有回帖時，按禮節應該要儘快地回覆給對方（主人），方便對方進行相關事宜的安排，一來方便對方（主人）安排人數與餐食安排計算，二是表現出自己重視對方並且懂得禮儀應對，千萬不要拖延時間反而造成對方的不方便喔！

2）若無法前往時也要儘速且有禮貌的告知對方，並感謝對方的邀約，希望下次有機會再參加，在禮儀上維持良好的互動關係。邀約方式：除了以邀請卡寄送或親自遞送，也會以電話方式進行邀請，其中以「當面親送」最為慎重（像是親自分送「結婚喜帖」或「滿月祝福」），若答應出席餐會/宴會時參加的人數，也必須讓邀請人能清楚知道，避免認知上有紊亂，反而造成了安排上失禮的狀況。

3）宴會的類型非常多樣化，像亞洲大都以中式餐點為主，西方則以西式餐點做安排，形式不同的餐會則餐桌禮儀也會有所不同。在台灣會帶孩子出席的宴會有中式圓桌與西式餐會，在參加前可以教導孩子一些「餐桌禮儀」去遵守，父母需要花點心思與孩子做溝通。孩子到了2—3歲時就可以跟大人們一同參與用餐，孩子們可能會有一個自己的座位、一套自己的餐具、一份屬於自己的餐點，但孩子在用餐時耐心與用餐習慣都有自己的風格，這時請試著多讓小朋友與家人一同用餐，因為在這用餐過程中孩子會去模仿家人的動作與互動應對，簡單禮貌教導孩子在吃飯時不亂走不亂跑，嘴巴有食物就不說話，請別人幫忙夾菜或遞交餐盤物品時要說「請、謝謝或對不起」，學習小聲說話不大聲喧嘩，更不要一邊看電視手機一邊搭配用餐，這些「用餐禮儀」都是孩子透過學習後可以輕易了解的。父母親以身教與言教來教導，會讓孩

子學習速度快速。孩子在學習「用餐禮儀」是一步一步累積起來，當他做的不是太好的時候，父母應給予「鼓勵」比用「疾言厲色」打罵來的更有效果。當孩子自己吃（用餐）得更好時，爸媽可以進一步去要求孩子將碗內的飯菜吃乾淨、儘量不掉屑的要求。生活飲食習慣無法「一蹴可幾」，需要多次的學習與提醒，相信小朋友一定可以越做越好。

4）台灣屬於多種族群融合的社會，對於各個不同族群有著特殊生活習俗與節日慶祝，都應該相互學習並予以尊重，因為種族、文化與習性的不相同，構築出許多文化融合與創意的社會型態，我們要教導對待不同文化的觀念：是讓小朋友學習欣賞彼此的不同與文化創意的獨特性，才能使我們下一代擁有更寬廣與包容心態，也才能使社會保持著蓬勃朝氣與正面平等對待的態度。

4 喜歡使用問候語

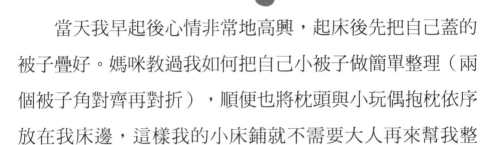

　　當天我早起後心情非常地高興，起床後先把自己蓋的被子疊好。媽咪教過我如何把自己小被子做簡單整理（兩個被子角對齊再對折），順便也將枕頭與小玩偶抱枕依序放在我床邊，這樣我的小床鋪就不需要大人再來幫我整理。我開心告訴我的小羊小兔玩偶朋友們，今天我要去參加在小傑家所舉辦的「聖誕宴會」，心情好開心好高興喔！你們乖乖在家等我回來告訴你們許多的故事喔！

「爹地早安、媽咪早安！」一起床後用我最嘹亮開心的聲音向我親愛的家人說「早安！」。跟家人「打招呼」是讓家人感情更緊密的方式之一，也是學習讓自己成為更有禮貌與關心他人的人。禮貌問候包含「禮貌應對」與「招呼語運用」，像是問候語：「您好，早安、午安和晚安。」「好久不見，你最近好嗎？」或是直接就說出「你好嗎？」這些禮貌用語要主動說出口，更是拉近彼此距離的好方法，常將「謝謝你」、「對不起」、「請」、「麻煩你」的用語去彼此寒暄，搭配上甜美熱情的笑容就是最好的禮貌表現。

我先到浴室去刷牙洗臉、梳頭，接著穿上自己為自己挑選好的衣服。媽咪稱讚我的眼光很好，我幫自己挑選了一件淡藍色襯衫與深色長褲，還配上一個灰色的小領結，這樣正式穿著讓我感覺有「小紳士」模樣，我平時很少穿著這種正式的裝扮，只有參加親戚結婚時才會這樣穿，媽咪告訴我這種穿法屬於較正式的穿著，表現出你重視這個

宴會或典禮，希望我這一身「正式穿著」去參加聖誕宴會時可以讓其他的小朋友留下好的印象。

　　記得老師上課有講到：「台灣有許多的族群共同生活在這塊土地上，每個族群對於『正式服裝』的定義都是不同，所以沒有太明顯區分哪種服裝才是『正式』，只要看參加場合與狀況來決定，適合自己並達到尊重場合與主人的穿著就是最佳服裝。」

5 宴會服裝的選擇搭配

穿上為今晚「聖誕宴會」所挑選的服裝，我在穿衣鏡前看了又看感覺滿意極了。記得在挑選參加服裝時原本我挑選一件藍白色的運動服裝，那是我非常喜歡的一套運動服，媽咪看了後問我：「我的小艾倫，你挑選這套服裝是準備要去運動還是去打球嗎？」

「不是啦！我是穿它要去參加宴會的服裝。」「艾倫寶貝，這套運動服好像適合做運動喔！可能不太適合參加今天的晚宴，你要選擇適合這活動合宜的服裝出現，才能顯出有禮儀喔！」）

　　「那……什麼服裝是適合今晚的，我有些不懂，媽咪可以告訴我嗎？」「通常因場合不同在服裝選擇上也會不同。例如：參加喜宴有喜宴款式的服裝，做運動就有運動的服裝，而運動也因類型不同也會有分打棒球、籃球或是游泳……，因功能與實用性的不同，挑選的服裝質材與款式也不相同。就像艾倫去學校上課時就穿學校的『校服』或者是『運動服』，晚上睡覺時穿『睡衣』或是『家居服』，而『家居服』就不適合穿到學校去，所以穿著衣服要看『場合』來決定，這表示尊重主人與主辦者的心意，而不是只要你喜歡就可以！這樣的說明艾倫你都清楚了嗎？」

　　「嗯，我了解了。」最後我選擇穿件有領子、淡藍色襯衫；搭配上灰色領結與深色長褲，長褲還不選是「運動褲」或「牛仔褲」，鞋子的款式就挑選了黑色的皮鞋，鞋子顏色搭配衣服顏色來決定，穿好衣服後再把頭髮梳理整齊，搭配上我可愛的笑容，這就是我最佳的宴會服裝。

　　媽咪挑選一件粉紅色的連身洋裝，顏色柔和；剪裁合身很美麗，很適合我漂亮的媽咪，我跟媽咪說：「媽咪，妳穿起這件洋裝真是漂亮又美麗。」「謝謝艾倫的稱讚，你穿的很英俊、像個小紳士喔！」

　　在服裝選擇搭配上我要謝謝媽咪給我很多建議，讓我知道穿著的服裝除了具備不同的功能外，出席不同場合也有不同類型的穿著。相信你小朋友也知道了，「衣服」要看場合來決定款式，你不要耍脾氣堅持一定要穿某種衣服才出門，或許這套服裝並不是很適合當時參加場合的要求，所以小朋友不妨也聽聽看父母給的建議喔！

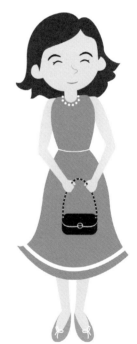

國際禮儀小老師給家長的小叮嚀

1）服裝選擇除了舒適美觀外，還可以表達對主人的尊重與禮貌，所以一定要注意出席場合時的穿著是否合適。參加宴會除了注意時間地點外，還要注意服裝上是否有所規定（服裝規定，英文Dress code），如果有正式服裝規定就應該遵守出席服裝是否合宜，避免到現場後才發現失禮，自己也顯得困窘不自在。

2）有些宴會餐會服裝是可以選擇優雅的「休閒服裝」，但要注意是「休閒服裝」不是我們想像的那樣休閒隨意亂穿，選擇上衣要有領子，不可以穿著短褲、牛仔褲、拖鞋或者是運動鞋。若身為父母親的我們若在挑選服裝上若有不清楚的地方，坊間就有許多服裝建議穿搭方式的書籍或雜誌，網路上也有許多穿搭服裝時應注意的要點與推薦介紹，請將它們也列入你學習服裝穿著時的參考，只要不斷地去練習服裝搭配，相信你的服裝穿搭技巧也會變得嫻熟而專業。

3）給父母親的建議：「服裝穿著搭配」其實也是一門學問，要展現服裝美學質感，平時還是要花點心思去了解，自己適合什麼樣的顏色、造型、體態以及什麼樣的服裝相互搭配在一起是最合適的，這才是「服裝美感」，而不是輕率地把自己的身體掛上一堆名牌後卻穿不出服裝的質感。但幾項穿衣原則需把握：a）利用服裝線條是可以製造出在視覺上顯瘦效果。b）衣服的形狀可打造長方形面積也可以遮蔽身材上的缺點。c）圖案花紋要小、分布密度要高，才能有聚焦作用。d）衣物質感避免視覺膨脹的布料，穿著時才能有和諧效果。e）服裝色系同在一身最好不要超過三種顏色以上。把握住以上幾項原則你也可以穿出屬於你自己獨特穿衣風格。

4）當孩子在選擇服裝上都會有自己的喜愛與偏好，對於某些當時流行或話題性的服裝會有所堅持，身為父母就應該耐住性子與孩子溝通給出建議，讓孩子了解服裝穿搭需要配合出席場合與性質的不同做出調整，合宜穿著也才會贏得更多的友誼與尊重，千萬不要搬出父母的權威強迫孩子進行順從，這樣對於美學與創意的培養上沒有一絲絲的助益，畢竟服裝美感的學習也可以在愉悅氣氛下進行學習。

5）莎士比亞說：「服飾顯示人品，如果沉默不語，服裝與體態仍會洩漏我們的經歷」。讓孩子在服裝選擇與穿戴上學習自主，亦可以培養孩子自信與社交能力。

備註：威廉‧莎士比亞（William Shakespeare，1564－1616）是英國文學史上最傑出的戲劇家，是西方文藝史上最傑出的作家之一，全世界最卓越的文學家之一。

6
搭乘大眾交通工具：公車禮儀

　　我跟媽咪決定先搭「公車」再轉「捷運」前往小傑家，今天我們選擇第一種大眾交通工具就是「公車」，因為在轉車途中還可以先去附近的百貨公司去挑選今晚交換禮物活動時的小禮物。搭乘大眾運輸系統最方便的「公車」，也非常適合今天我們外出。媽咪常說：「我們居住在城市裡，出門盡量使用搭乘「大眾運輸」工具，一來安全便利也省錢，再來可以減少二氧化碳的排放量，順便愛護一下我們居住的地球。」

　　跟著媽咪從家裡走出後沿著道路旁人行道慢慢走著，我喜歡牽著媽咪的手一起走路，享受冬季陽光灑在身上暖洋洋的感覺，媽咪也會說關於這漂亮城市裡許多的故事給我聽。走在人行道上旁邊會有一些大哥哥姐姐騎著腳踏車（U bike）從我身邊經過，媽咪告訴我等我長大些也學會騎單車的技巧，我也可以自己騎著自行車在這美麗城市裡活動。在城市人行道都有規劃「自行車道」，所以行人與騎單車彼此儘量不會干擾到對方，也安全許多。

　　走到公車站牌旁看了公車行車的站名資訊，媽咪也教我如何去尋找適合的公車路線，現在我們就耐心等待公車的到來。公車從遠方緩緩地駛向站牌附近做停靠，媽咪伸起手臂輕揮手打招呼，公車司機先生也看見了我們，慢慢地將公車往站牌停靠處停下。

　　一上車後媽咪有禮貌跟公車司機說：「午安，您好！」我也學媽咪跟司機叔叔說一聲：「叔叔您好，午安！」司機叔叔笑著回答：「你們好，你家的弟弟真有禮

貌喔！」上車後我跟媽咪使用公車卡（捷運卡）在「公車感應器」上「嗶」一聲感應後就往公車後方移動，找到一個可以方便站立的位置，我的手就抓住車上的手扶桿，避免車子行進時我會因為搖晃而跌倒。

　　車上有位大姊姊起身要讓座給我，媽咪輕聲溫柔婉拒：「謝謝妳的好意，我們再過兩三站後就要下車，小朋友可以暫時不用坐下。」媽咪轉向問我：「小艾倫還好嗎？」「媽咪我很好，不用擔心我。」媽咪輕聲地說：「車上都有『博愛座』或是『優先座』，這些是為了禮讓給『有需要』的人就座的位置，比方有年長的爺爺奶奶、大腹便便的孕婦媽媽或是身體有殘障的人，或是攜帶有嬰幼兒的父母，另外像是如果有需要坐下的人，

都可以使用它。假若艾倫上車後發現有需要坐下的人除了有『博愛座』或『優先座』可以讓他們就座外，也可以將自己座位讓位給他們喔！但是也要『量力而為』視自己狀況而決定。」

車子搖搖晃晃行駛了一段距離，到站前；媽咪按下扶桿上面的「下車鈴」通知公車司機叔叔，我們準備要下車了。

禮儀小老師給家長的小叮嚀

1）在城市裡使用大眾運輸工具的機會是非常多，若攜帶幼兒搭乘時可以順便教導孩子如何去看公車、捷運、火車的路線圖，培養孩子處理交通資訊的能力，了解車輛的動線與方向與對應，對於孩子獨立能力的培養有極大幫助（生活技能培養）。

2）關於「博愛座」使用方式，父母應該跟孩子做些說明與解釋，不是因為年紀小就要求別人去讓座，如果只是一兩站路途不遠的距離，可以稍稍站立以訓練孩子「站立平衡」的能力，不要因上車後孩子沒有座位坐就顯出不高興而吵鬧，這也是訓練孩子理解與培養耐力方式之一。

3）乘坐公車或捷運等大眾運輸工具，必須教導孩子安全站立的位置，提醒他特別注意自己安全等問題。例如：注意不讓其他人有機會去觸摸你的身體（當然你也是不被允許去觸摸別人），乘車時注意自己安全，不應將頭、手伸出車窗外，不該在車輛上隨意飲食（除非是搭乘自己家中車輛），搭車時注意安全與環境狀況，不應玩耍手機、平板電腦而忽略周遭狀況，或隨意將貴重物品（錢包、手機）取出把玩，或是在車上隨意大聲談笑嬉戲，甚至於將垃圾隨意放置在車上座位下或夾縫中，隨意吐痰或隨手拿筆塗鴉車輛內部車身或椅背等，這些都是不被允許的行為喔！父母親也應「以身作則」做為小朋友的榜樣，「身教大於言教」才能達到禮儀教導極佳效果喔！

7 挑選拜訪他人的伴手禮（禮物）

在國外「拜訪禮儀」中去拜訪別人家時都會準備些小禮物，你可以選擇對方主人喜歡的東西，這樣會讓拜訪過程時氣氛更為愉快融洽。我們現在要去好朋友小傑家做拜訪，應該也要帶個「小禮物」當作伴手禮，不管挑選什麼樣式的禮物，應該都會令對方感到開心的，如果不知道該送什麼禮物，就送一些一般大家都會喜愛的禮品，例如：餅乾、蛋糕、糖果或鮮花等，這些都是不會讓你覺得會失禮的禮物。

　　下了公車後跟著媽咪前往附近的百貨公司挑選禮物，希望我所挑選的禮物小傑他能夠喜歡。走進百貨公司後發現貨品櫃位上擺放的商品真是琳瑯滿目，令人眼花撩亂都不知道該如何去挑選，但媽咪似乎已經胸有定見，已經知道要送什麼樣的禮物了。媽咪讓我自己去挑選送給小傑的禮物，我知道他喜歡吃餅乾糖果，所以我挑選一盒造型可愛；味道香濃的奶油手工餅乾，另外再搭配上一張我手繪製的可愛小卡片，希望這份禮物小傑會喜歡。

　　另外我也挑選一份可以當作「交換禮物」的東西——一本「百科全書」。書裡描述是關於動植物的種類、生長習性與分佈棲息地等資料，「百科全書」內的圖片非常地活潑生動、栩栩如生，內容非常精彩充實，真的很適合當作交換禮物，這份禮物我跟媽咪討論很久，最後決定挑選了它，媽咪認為我挑選這份禮物很不錯，衷心希望交換到它的人會喜歡。

　　媽咪挑選一份「伴手禮」要送給小傑媽咪，其實花點心思去準備禮物，而這份禮物花費不需要太多，但是朋友會喜歡它，這樣就可以皆大歡喜。禮物或許不需要花很多錢，也能帶給對方難忘的回憶。但如果收下禮物後，這禮物並不是收禮者自己非常喜歡的物品，也千萬不要立刻擺出「不喜歡」的臉色，這樣會讓對方不知所措也會感到困窘，畢竟每份禮物都是送禮者的一番心意，千萬別辜負對方的美意喔！

禮儀小老師給家長的小叮嚀

1）如何優雅送禮在國內外都是挺令人費盡心思的事，送禮的時機與
理由、挑選禮物、禮品包裝與送達的方式，都蘊含著很多禮數與
意義，不免俗的送禮者必須考量的因素頗多。像是：送禮的對象
（女士或男士）、對象的年紀（年長平輩或年幼）以及送禮的目
的等，還有需要注意對方的國籍文化與禁忌，避免送錯禮物而造
成對方的困擾。而收禮物者可以在當下表達出感謝之意，不管是
否很喜歡這項禮品，至少要表現誠摯感謝的態度，也不枉費送禮
者花時間去準備禮物的心意。

2）送禮部分也需要留意各宗教的禁忌。例如：回教不吃豬肉，所以
不能送香腸、火腿或豬肉乾等，也不適合送酒。印度人對「牛」
相當尊重，所以送給印度人的朋友時請勿送「牛」的製品（牛肉
乾、皮包皮夾或是牛皮製成的皮鞋），但是可以送酒類、茶葉或
是代表中國文化的物品。歐洲人比較無禁忌，在送禮上可以以中
國文化的物品皆宜：文房四寶（毛筆、墨、紙、硯）、郵票、茶
葉或是刺繡，只要有中文元素在內的禮品，歐洲人大都會非常喜
歡。日本人非常重視送禮與禮品包裝，所以在禮品包裝上需要多
加花費心思去準備，才會顯出對主人的重視。

在禮品上沒有特別的禁忌，但不要送梳子，因為梳子在日文發音
上與「死」是相同。韓國人很忌諱將韓國國花「木槿花」印在禮
物上，這樣是顯得非常失禮的作法。在中國大陸送禮部分儘量不
要與政治符號有關係（中華民國的國旗、國號等）。另外阿拉伯
人習慣送精緻禮物，應讓對方先送禮，然後再回送「等值」的禮
物，才不會顯得失禮。

3）避免送錯禮物的六大注意要點：1.可依對方的個性是屬「保守」或「新潮」來決定選購何種樣式禮物。2.了解對方的興趣或喜好，但不要送他平常就很熱愛有研究的東西，避免暴露你其實很不懂。3.不要以為你自己喜歡的東西，對方也一定會喜歡喔！4.想要給對方驚喜時最好要很有把握，否則寧願選擇日常用得到的物品當禮物。5.注意彼此的上下關係與年齡差距。6.注意禮物的金額。送太便宜的顯得不禮貌，但太貴重對方會覺得你有求於他。

4）送花的禁忌：通常在國外「花束」當成見面時的禮物是非常普遍的，但會因為婚喪喜慶的目的性不同，送出的花卉種類也會有所不同。送花必須注意收禮者的國籍，像菊花就不適合於喜慶場合使用。白色百合花在加拿大與英國只適用於喪禮上。中南美洲不能送紫色花。而玫瑰花在德國只能送給情人，而女士也應避免送玫瑰花給男性上司。選擇送花束就必須了解花卉所代表的意義（花語）。收到花束後應將包裝紙取下，再將花束插入水瓶中，若未能及時放入花瓶中時也應該輕灑水分在花束的底部處，切勿直接將水澆灑於花朵上面喔！另外像酒精、漂白水、醋或鹽都有很好的殺菌功能，可以加入少量在水裡當澆花的水，一來可抑制花朵的細菌生長，進而延長花朵的壽命。若是想要讓含苞的花朵能夠趕快盛開，也可以在花瓶水中加入少量的砂糖或汽水來供應花朵的養分喔！

8
別隨意議論他人

　　挑選完拜訪的伴手禮後，跟著媽咪又走向捷運站，現在我們要準備搭乘捷運囉！跟著媽咪搭乘「手扶梯」前往搭捷運處，入口處感應捷運票卡後我們就進入候車區，搭乘捷運的人真的很多，媽咪輕聲提醒我在行走時要注意安全，不要太靠近捷運閘欄地方避免發生危險。在乘車區域地上都畫有乘車的排隊路線與方向指標，方便乘客一眼就可以清晰去辨識。三分鐘後捷運列車就駛來了，捷運車門一開好多人急著要離開捷運車廂，我跟媽咪就往另一側排隊稍做等待，要先讓車廂裡的人先出來後，搭車人潮才可以進去，這樣彼此才不會相互搶道，上車下車動線才會通暢，「先下後上」的原則是方便大家去遵守，以便加快大家搭乘的速度與節省時間。

上車後我跟媽咪找個座位坐下，媽咪抬頭看了捷運車廂內各車站的資訊，注意等會兒要下車的車站名稱，這樣我們才不會坐過站浪費時間了。突然遠處有位阿姨在捷運車廂內使用手機，但是她說話音量真的太大聲，以至於整個車廂內幾乎都可以聽到她的聲音。

記得長輩有告訴我，在捷運或移動車廂裡，最好不要太大聲講電話或談話，因為那樣會打擾到別人的安寧，也是非常不禮貌舉動，更不能在捷運車廂中飲食（用意是避免車廂過於髒亂）。看著這位阿姨使用手機大聲說話，我內心就在想：「為什麼阿姨她不懂得尊重別人，這車廂還有其他人，我們其實並不想知道妳說話內容是什麼。」之後就有位先生靠近她，請這位阿姨將說話音量壓低，因為

整個車廂都是她的說話聲音，阿姨才慌張知道自己已經造成別人的困擾，連忙致歉後將說話音量立刻壓低下來，我想這位阿姨當時一定非常的尷尬與不好意思。

在車廂另一側我看到有位阿姨，她身體非常的強壯，感覺她非常的巨大非常肥胖，我就在媽咪耳邊說：「媽咪你看，那邊那位阿姨怎麼這麼肥胖啊！」媽咪輕聲在耳邊告訴我：「雖然艾倫你說話聲音非常小聲，但是我們不可以隨意去批評他人的外表容貌，因為每一個人都是獨一無二的，你不知道別人的生活樣貌與經歷，所以任何人都沒有資格去指責或是去評論別人。而不隨意去批評他人，這也是身為一位真正小紳士應有的氣質。」我馬上閉嘴不再多說。原來在人際關係不隨便去批評對方，這也是一種禮儀學習與個人修養展現。

到站後捷運車門一開，有幾個大哥哥走進到車廂，他們看起來像中學生，一進來後講話聲音就很大聲，彷彿旁若無人般彼此還相互推來推去，在車廂內開心地玩耍，

不久後也被旁邊的大人提醒，他們就放低聲音暫停了嬉鬧的行為，這時車廂內才又恢復安靜。看著身邊忙碌的大人們，原來人與人之間的互動還存在這麼多的禮儀細節，仍有許多規定需注意去遵守。「禮儀」就存在生活中的小細節中，與人相互尊重、體貼，就可以減少發生摩擦的機會與不愉快了。

禮儀小老師給家長的小叮嚀

1) 父母可以趁陪同孩子搭乘大眾交通工具時，協助孩子了解「搭車禮儀」，利用問與答的方式了解孩子想法，了解他們在搭乘交通工具上有什麼不清楚不了解的地方，再協助小朋友去了解各種在乘車、搭機、搭船等不同的禮儀與注意要點。

2) 搭乘交通工具時提醒並灌輸孩子「安全」的概念，例如：在馬路上行走時勿一邊走路一邊嬉鬧玩耍，走路時更不能玩手機；應注意路面狀況。遇「綠燈」要穿越馬路時應該快步行走通過，上下車時應注意自身攜帶物品與上下車的速度等，這些雖是生活中小細節，也要經常做叮嚀才能讓孩子養成習慣。

3) 小朋友對於周遭環境是充滿好奇與反應直接，一看見有趣或是不同的人事物後，就會直覺立即發問或發出評論，看見別人外型上高矮胖瘦或是身體上有殘疾，也會直言加以評論，但小朋友並沒有任何惡意，父母親也必須告訴孩子，對於他人外表加以評斷或討論都是不禮貌的，應該讓孩子知道每個人都是獨特的個體，都必須受到尊重與給予尊重，尊重他人也等同尊重自己，審慎發言並不做流言蜚語的傳播，維持樂觀正面的獨立性，才是一位真正的紳士淑女所為。

4) 孩子學習禮儀與習慣養成是需要時間去累積，規矩或禮貌都是無法一次就能理解與牢記，父母在教導態度應該耐住脾氣去做殷殷提醒，相信孩子在不斷地提醒下會有進步，切勿隨意大聲斥責或動則打罵，反而容易引起反效果，就失去教導優雅禮儀的初衷。據科學分析孩子會分心是因為小孩的「前額葉」還在發育中。小孩的大腦和成人大腦也有不同，大人可以專心投入做一件事，但

小孩則會分心注意力不集中，所以孩子在學習事物需要不斷地提醒。

5）教導不同年齡寶寶的禮儀重點：

★一歲以下嬰兒：一歲之前小寶寶都是利用「哭泣」的方式來滿足需求，這個階段沒有必要教導他們禮儀。八個月到一歲的寶寶，可以透過拍手來讓他／她知道不能咬人、亂叫的禮貌。

★一至二歲幼兒：這年齡幼兒是好奇的四處探險，他們可能無法乖巧的吃飯或是將東西收拾好，所以這段年齡的禮貌訓練：可以練習簡單的「請、謝謝、對不起」等簡單禮貌用語的使用。

★三至六歲兒童：這年齡的兒童可以了解指示，可以做好自我控制。父母親可以教導更多一些的禮貌，像是分享、排隊、輪流、公平、尊重他人身體、說話時要注視對方的臉、不隨意插嘴與不隨時發脾氣等禮儀，孩子在幾次教導與練習後，大都可以將禮貌用語與禮儀輕易上手與使用。

★七到十歲兒童：當孩子上了小學後，小朋友更加了解手勢和禮貌所代表的意義，可以看情況去實踐禮儀，說出正確地應對語言。這時可以教導他們如何善待別人、如何同情他人、如何才是有同理心的表現、如何掌握正確價值觀和建立責任感。

★如何教導孩子禮儀，父母自己「以身作則」，利用書籍或說故事、戲劇扮演方式讓孩子理解，不斷地重複提醒，保持耐心個性做教導，多給予孩子支持，相信教導出孩子的禮儀一定是優雅。對於孩子不懂禮儀細節的部分，大人可以利用手偶或者是玩偶做「戲劇角色扮演」讓孩子先講出自己的觀點與做法，而父母親也可利用玩偶扮演去做引導，讓小朋友在乘車或搭乘其他交通運輸工具時會產生出問題進行了解，這時候的爸媽要變成小朋友的角色，去試著了解孩子眼中的搭車規矩，當孩子提出問題而大人給予回覆「不可以」背後的用意。例如：
小朋友：「為什麼我『不可以』在車上吃點心？」
父母：「為什麼你會想在車上吃點心呢？」

小朋友：「因為一邊坐車、一邊吃點心，感覺很有趣啊！」

父母：「你一邊吃點心，萬一不小心飲料翻倒、餅乾掉屑，那要誰去幫你處理呢？是司機叔叔嗎？還是誰呢？」

父母：「司機叔叔開車要開很久的時間，都已經沒有時間喝水上廁所了，如果車上很髒亂又要該誰來打掃呢？所以不在車上吃東西，會不會比較好？」

跟孩子講述規矩禮儀時，可以直接把「前因後果」與後續處理方式，這樣說明孩子就能清楚理解。

9 乘車禮儀

　　倚靠坐在媽咪的身邊，有種好幸福的感覺。我看見有些人在坐車時會閱讀書籍報紙，有人會滑著手機，也有人會戴著耳機聽音樂或講電話，也有些人會閉目養神。媽咪轉頭問我：「艾倫，你還知道搭車時該注意什麼呢？」「嗯……我知道，搭車時要記住排隊時不要隨便插隊，排隊也應在規定的區域範圍按照排隊方向依序排隊。搭車也不該隨意追逐嬉戲玩耍，避免相互推擠而發生危險。

像我們現在人在車廂中就不能大聲交談或製造過大的聲響，避免干擾其他人安寧。車廂內也不要飲食，更不要去放置私人物品去多占用座位，車廂內的『優先座』也要先讓座給有需要的人去使用，嗯！還有……媽咪我想不起來了。」

「我的艾倫好厲害喔！知道這麼多的搭車規矩已經很棒了，那媽咪也補充一些：在車廂內就像是一個公共空間，太過於私人的行為就很不適合在此出現。比方說女生不適合在車廂內化妝梳頭，也不該當眾脫鞋、摳腳或剔牙、張口打哈欠，更不要站在車廂門口處，避免擋到上下車其他人的動線。另外也不該隨便動手去碰觸別人（尤其是異性）的身體，這些都是在搭車時需要注意的禮儀與規定。」

　　「艾倫，萬一搭車時你鼻子突然想打噴嚏，那你該怎麼辦呢？」「我會拿出『衛生紙』或『手帕』來遮住我的口鼻，如果時間來不及，我就轉頭利用袖口做遮擋物，至少我噴出的口水飛沫不會噴灑到他人，對不對！」「是的，艾倫這樣做非常正確，當著別人面前打噴嚏卻毫不遮掩時，既不衛生也是非常不禮貌的行為。」跟著媽咪一同坐車我就學習到這麼多的「乘車禮儀」與規定，心中真是開心極了，原來「禮儀」真的就存在於生活細節中，與生活產生習習相關的連結。

禮儀小老師給家長的小叮嚀

1）教導孩子搭車時遇到他人有違反規定時候，應婉轉告知對方而不選擇大聲斥責或以吵架方式進行解決，若無法處理時則應將此狀況轉向司機或服務中心請求協助。

2）不只搭捷運、公車，只要有人員進出的地方，就應該讓裡面的人先出來後（下車），外面的人才進去（上車），這樣動線才順暢，也不要站在車門口處，避免造成上下車的不便與危險。

3）搭乘大眾交通工具切記避免干擾到其他人，在公共空間如果突然想咳嗽打噴嚏時，應該用左手袖子遮住嘴巴和鼻子，如果來得及就用面紙跟手帕遮住口鼻，不太適合直接用手去遮住口鼻，因為手會去接觸座椅、欄杆、樓梯、電梯按鈕等公共設備，反而容易去散播細菌，也不符合衛生的原則。在國外尤其不可以用「右手」去遮住口鼻，因為那是外交交際上使用的手（握手、敬禮），所以要使用就以「左手」為主。

4）搭乘大眾交通工具遇有不遵守規定的人，應教導小朋友尋求較安全的處理方式，切勿直接出面指責，應尋求列車長、司機、保全人員或服務人員協助，或直接利用車廂內「緊急通話鈕」將狀況做報告、尋求協助。

5）搭捷運遇見危險的自保之道：1.遭砍打殺等暴力攻擊：利用隨身行李或背包當盾牌擋在胸腹前，防禦歹徒刀刺。若隨身有帶雨傘可用來抵擋攻擊。2.毒氣等恐怖攻擊時：身上若攜帶塑膠袋，把塑膠袋罩在頭上脖子以下捏緊，可及時隔離毒氣。發現有不明氣體或異味，按對講機按鈕去通報車長。3.火警：按對講機按鈕去通報列車長，當車廂內如有滅火器，可取出滅火器進行滅火。4.性騷擾、遭竊：主動發聲檢舉，引起同車乘客注意，並按對講機按鈕通知列車人員報警。

10
小朋友的搭機禮儀

　　捷運車廂奔馳發出噠噠地規律聲響，朝向目的地方向行駛著，我輕聲問著媽咪：「媽咪，妳告訴我都是搭乘公車與捷運要注意的禮儀，搭飛機也有要注意的禮儀嗎？」「搭飛機的禮儀，這真是個好問題喔！因為飛機是一個封閉式的加壓空間，身體在感受上與其他交通工具較為不相同，也容易受到天候影響身體容易出現頭暈嘔吐，但是還是有些小朋友要注意的禮儀喔！那媽咪簡單說一些『搭機禮儀』規定讓艾倫知道。」

　　1）若是小朋友會有暈機的生理狀況，「暈機藥」一定要在搭飛機前服用（半小時或一小時前）才會發揮「暈機藥」的藥效。如果在飛行途中真的感覺不舒服時，要告訴身邊的家人或使用前方座位口袋內的「清潔袋」，避免嘔吐物噴灑四處而不易清潔。

　　2）登機後若不清楚座位在哪裡，可將登機證交給空服員來引導，縮短找座位的時間，受人幫助後要記得向對方說一聲「謝謝」。

　　3）攜帶隨身行李可以放在前排座位底下面，或是座位上方的行李架裡，在機艙走道上及座位腳邊是不能堆放東西喔！

　　4）起飛前機艙會播放影片或是由空服員做「安全示範」，搭機前也一定要注意觀看（關於搭機安全）。

5）當飛機起飛、降落時，豎直你的椅背、收起餐桌，以免造成他人不便或發生危險（安全因素）。

6）搭乘飛機時未經許可的時間是不可使用電玩、電腦及使用電子產品，以免影響飛行安全。

7）飛行途中要請全程扣好安全帶，就要注意安全帶指示燈號，以免突發狀況發生或臨時無法應變。

8）飛機機艙空間有限，乘坐時不應該去踢打前方座位椅背、玩餐桌製造聲響或隨意站立於走道上，以免防礙空服員餐車作業或他人行走。

9）飛機內雖然提供免費的飲料（可樂、汽水、茶或咖啡等），但還是要適量索取飲用，不要喝過量，以免常跑廁所打亂你休息的時間。

　　10）在機艙內也要將音量降低，避免影響到鄰座其他人休息的安寧喔！

　　原來在搭乘不同的交通工具，禮儀也會不同，除了多使用禮貌用語外，更要多尊重其他乘客搭乘時的安寧與共享空間，避免在有限機艙空間機艙內感受不舒服。怎樣對待別人，別人也會如此對待你，而養成「以禮相待」的習慣，一切以「真誠」與「禮貌」對待別人，你週遭的人與事也變得和諧而更美好。

禮儀小老師給家長的小叮嚀

許多爸媽會覺得帶小孩去進行一趟「親子旅行」是一件特別不容易的事，尤其搭乘飛機等大眾交通工具，擔心旅途中不順利甚至會影響其他人等，但作為父母只要把握幾項原則，一樣可以安排一趟愉快的國外親子之旅。

★ 早點到機場報到：一般旅客的報到時間約2小時前至機場櫃檯劃位（飛美國約3小時前），帶嬰兒可再提早半小時，若臨時發生狀況才比較從容應對。

★ 洞悉小孩性格：父母親應該對孩子的性格有基本了解，也有助於應付飛機上的失控狀況，不論是情緒化、個性好動與否、容易入睡與否或是飲食喜好都應該了解，並在搭飛機前準備好需要的物品。

★ 善用航空公司提供的娛樂服務：一般航空公司基本上會提供機內娛樂設施，部分廉價航空也有付費的平板電腦可以看電影，為避免小孩不喜歡航空公司所提供的影片或娛樂設施，建議還是可以自己先準備一些娛樂物品（玩具玩偶、書籍）去安撫幼兒情緒。

★ 不要讓小孩餓肚子：不論是大人或小孩要是肚子餓一定會心情不好，飛機上的吃飯時間是固定，建議爸媽可以帶些健康零食在身上，有需要就可以給孩子吃。另外可以在飛機起降時給小朋友吃東西，做「吞嚥動作」可以緩解因氣壓造成在耳鳴或耳朵不適的因素。

★準備幾件衣服：飛機上的溫度通常偏低（約在19—21℃左右），小朋友也容易著涼感冒，因此父母一定要多準備外套。另外小孩出現暈機的症狀，多準備幾件衣服就可以隨時更換。

★與鄰座乘客打招呼外，盡量不去干擾鄰座乘客。建議：上飛機時與鄰座乘客打聲招呼，釋出善意的微笑，也讓其他乘客有心理準備要與孩子們一同搭飛機，減少孩子們在鬧脾氣時造成的尷尬感。國外也有父母會特地準備紙條和小禮物分送給附近座位乘客，禮貌先告知對方希望在孩子吵鬧時給予包容與原諒。

★請求協助：在機上遇有無法立即解決的問題時，可以請求機上空服員給予協助，但是請注意禮貌喔！相信他們會很樂意提供給你所需要的服務。

11
搭乘電梯禮儀

　　我們走出捷運車廂後準備去搭乘手扶梯，媽咪說我年紀小，搭乘手扶梯一定手要抓牢扶手，若遇到特殊的狀況發生時就選擇搭乘「電梯」這樣比較安全。一般在外面常見的電梯有分「升降電梯」與「手扶梯」。對攜帶有小嬰兒的父母來說，選擇搭乘「升降電梯」或將孩子抱著胸前搭乘「手扶梯」比較適合，千萬不要將孩子放在嬰兒車內，強行要搭乘「手扶梯」這樣重心容易不穩就會發生危險。

搭乘「手扶梯」要注意你穿戴的手套、長裙、圍巾或鞋子等，尤其鞋上有細繩鞋帶更應注意，避免鞋帶被夾在手扶梯夾縫中發生危險。

搭乘「手扶梯」不要在階梯上玩耍、當跑步機使用或是直接坐在手扶梯階梯上，這樣非常容易摔倒、跌落或產生夾傷，都是非常危險的行為。搭乘「手扶梯」更不應該將頭與手隨意伸出，避免產生夾傷危險（新聞報導曾有人將頭手伸出後，反卡在牆面縫隙間窒息或夾死的意外事件）。搭乘手扶梯與升降電梯時「安全」是最重要，在手扶梯入口處有一個「紅色按鈕」它是「緊急停機按鈕」，萬一發生意外或扶梯卡住的情況，馬上按下這個按鈕，手扶梯就會立刻緩緩停住。而電梯是在控制樓層的面板上就有「緊急通話鈕」與「停止鈕」的設計，這些都是為了搭乘者「安全」而設計的，所以搭乘電梯時都要注意它們所在的位置。

「艾倫你知道我們搭『升降電梯』時，哪些禮儀需要注意呢？」「我知道搭『升降電梯』時必須禮讓電梯裡面的人先出來，外面的人才可進入。」「很正確喔！在我們走入電梯中所站的方向位置應該要面向電梯門的方向，才不會跟別人因方向不同，產生面對面的尷尬情況。站在電梯控制面板旁的人就『有義務』要將電梯門的開門鍵按

著，以方便其他人進入。進入電梯後若是不方便去按到達樓層按鍵時，可請他人代為幫忙，千萬不要勉強伸出手去按，因為這樣會干擾到其他人。在電梯內千萬不可飲食或大聲說話，因為還有其他人在現場，這樣也會顯得非常不禮貌。當電梯到達你要去的樓層時，如果你站在電梯後排要走出電梯，就應該先出聲『對不起』請別人先讓路，另外；當你進出電梯有人幫忙你按住開門鍵時，千萬要記得跟他說一聲『謝謝』，千萬別把對方為你做的事當作是理所當然的喔！」

「我知道了，原來搭乘升降電梯與手扶梯也有規矩的，首先要注意的就是『安全』因素，還要關心身邊周遭的情況喔！我都記起來了。接受別人幫忙後也一定要立刻表達出感謝隨口帶上一句『謝謝』，這樣會讓人覺得你是有禮貌的人，你的人際關係就會更為友好融洽。」

禮儀小老師給家長的小叮嚀

1）近日國內搭乘電梯意外發生令人遺憾，帶兒童搭乘電梯時則需要多加注意。攜帶年齡較小的孩子在第一次搭乘手扶梯時，要提醒教會孩子第一步如何踏上手扶梯，如果發現孩子不能契合手扶梯的速度，建議還是由家長抱著比較好也比較安全。另外不要讓孩子單獨搭乘手扶梯，自動扶梯有時有可能發生斷裂或倒轉狀況，扶手也容易卡住小孩的手指，搭乘手扶梯時一定要家長在一旁陪伴看護著。家長最好讓孩子站在自己的身體前方，讓孩子臉向前不可背對電梯運行方向，而且緊緊手拉住孩子，保障孩子的安全。

2）搭乘電梯時千萬注意孩子不能將頭部、四肢伸出扶手裝置外，以免受到障礙物、天花板、相鄰的自動扶梯的撞擊而造成危險。

3）父母親要以身作則，當升降電梯門在關閉過程中，應避免使用手臂去阻擋電梯門關閉（因為是具有危險的動作），更不要在電梯裡跑跳，因為這樣可能使電梯突然停止運行造成危險。

4）禮儀方面要教導孩子為別人開門服務的技巧，主動詢問後進入電梯的人要去的樓層，就近電梯按鈕旁就主動幫忙按下樓層按鍵，避免在按壓樓層上的出現困擾。提醒孩子不可在電梯裡面玩電梯門開關按鈕，因為可能會打擾到別人也具危險性。另外要教導小朋友對受到幫助的人表達出感謝，一聲「謝謝」看似簡單卻能贏得好人緣。

5）搭乘電梯時的意外事件時有所聞，當有意外產生時，父母親就必須更提醒孩子要注意，血的教訓非常的殘酷無情，若不教導孩子知道則會讓孩子忽略危險的存在，也如容易喪失對危險的戒心。

12 見面時拜訪禮儀

　　離開捷運站後走了一段路後就抵達小傑家，一扇歐式風格的大門，輕輕按下門鈴一陣清脆門鈴聲響起，裡面傳來回應聲音：「請等一下喔！」小傑媽咪（梅西阿姨）出來開門。阿姨她有一頭漂亮長髮往後紮成一束馬尾，淺淺甜甜的笑容掛在臉上。阿姨個子非常的高，比起媽咪還要高些，親切笑容：「歡迎艾倫與艾倫媽媽來家裡玩，裡面請喔！」

　　看見媽咪很開心和阿姨相互擁抱，展現燦爛的笑容，

梅西阿姨也很開心的彎下身擁抱我，輕輕吻了我的小臉頰，害我臉紅了起來，見面時彼此「打招呼」會讓感情更熱絡。媽咪說因為梅西阿姨之前住在國外，很習慣用西方人見面方式打招呼，擁抱彼此就是打招呼歡迎的禮儀之一，在臉頰上一吻是表示歡迎，無論擁抱或是親臉頰，通常是熟人之間才會出現的動作。

「你好嗎？艾倫」梅西阿姨問我。

「我很好的，謝謝阿姨。」我也張開雙手擁抱阿姨，很開心我可以表現像小紳士般，眼神與嘴角都出現微笑曲線，也讓阿姨清楚知道我所表達的意思，加上說出「請」、「謝謝」、「對不起」等用語，這樣才會贏得別人的喜愛，這是我很棒的禮儀學習課。接下來我要開心要參加「聖誕宴會」囉！

禮儀小老師給家長的小叮嚀

1）小朋友較沒有耐心，當他們在等候時總喜歡找些事來「玩」，並沒有惡意只是覺得好玩而已，例如：不斷地去拍打在他周遭的物品發出聲響，或跟在旁邊的小朋友你一下我一下的互相推打，或是手按著門鈴一按就持續很久時間，或者是喉嚨發出低沉吵鬧的聲音，這些都是想引起父母注意的動作，也因為無聊沒事做時所引發出的行為，若發現孩子出現這些沒耐心不禮貌的行為，要試著說明讓孩子知道，這些動作會造成其他人的困擾，讓孩子試著去了解若打擾到他人時，就應該將行為稍作調整。

2）拜訪別人家時跟隨孩子一同前往要注意，不要讓孩子一打開門後就急忙直接衝進去家裡，應該要先與對方打招呼展現禮貌。例如：「你好，我們來拜訪你們了。」「午安；謝謝你們的邀請。」讓孩子學習應有的「拜訪禮儀」，試著也讓小朋友說出這些招呼的話語。

3）相互擁抱時要注意，彼此胸部要保持距離，不要碰到對方的胸部。而親吻臉頰是以臉頰輕碰對方臉頰，只有遇到小朋友時長輩才會親吻小孩臉頰，而在歐洲有些地區有會有輕碰臉頰的禮儀。打招呼握手時，應由女士先伸手，對方男士才可以伸手握手喔。長輩伸手晚輩才可以伸手握喔，這些是握手時需要注意的地方。

4）一般我們在初遇見時對方有以下方式做打招呼「握手」，在重要場合初次見面的人握手即可，這也是一般運用在商業打招呼的行為，中西方均適宜。「擁抱先左再右」若對方是朋友的朋友、同事或有交情的人，打招呼可以擁抱對方。「姆啊姆啊擁抱」這方

式是在擁抱時會搭配親親聲音「姆啊」這不是真的親吻，而是在距離對方臉頰至耳朵的部位，輕聲地發出「姆啊」的聲音，就是所謂「親空氣」，這也一種打招呼的形式，但是如果是不熟悉的朋友，此擁抱方式就不要做，避免造成對方誤解也失禮了。

13
收禮物的喜悅

　　一進門後跟梅西阿姨與小傑打招呼，他們很歡喜來迎接我們到來，媽咪很開心將已準備好的禮物送給梅西阿姨，對阿姨說：「希望這份禮物妳會喜歡。」梅西阿姨說：「謝謝！妳送的禮物我一定會喜歡。我可以打開來看看嗎？」「當然可以啊！打開來看看。」「哇！是一只好漂亮好典雅的花瓶，這正是我所需要，而且也是我最喜歡的紫色，謝謝米雪兒，讓妳破費了。」看看媽咪準備的禮物，

原來是一只漂亮淡紫色的花瓶。看著梅西阿姨笑得好開心，我想媽咪一定也想了很久該送什麼樣的禮物給小傑媽咪當作「伴手禮」。媽咪說：「去別人家拜訪時請記得要帶份小禮物，禮物可以不必太貴重，避免對方看到後卻不敢收。」像小型家用品、點心、糖果、巧克力等都是很好贈送禮物的選項，如果能送對方是他非常想要的禮物，那種喜悅真的會讓收禮者很歡喜接受外，也會留下深刻的回憶。

每個人都喜歡收禮物，在挑選禮物上的確需要多花些時間去觀察與思考，在對方收到禮物後，打開禮物時的開心愉悅也會讓自己印象深刻。

禮儀小老師給家長的小叮嚀

1）「伴手禮」在挑選上的確頗讓人費心，仔細觀察總能發現何種物品是適合去送人當作伴手禮，高貴不貴又能讓對方開心收下禮物，所以在挑選「伴手禮」父母親可以帶著小朋友一同參與，從中去教導孩子去做禮物的準備動作，知道該送何種禮物、何種價位的分別。「禮尚往來」一直是禮儀上的一門學問，如何做安排與分寸拿捏，一直是人際關係中的重要訣竅，從小帶領孩子了解也是讓他們學習社會人際互動中的重點之一。

2）在禮品挑選上儘量挑選大眾化商品，比較不會失禮。若是真的不甚理解可以詢問售賣商品的業者，他們一定會很樂意提供你一些建議喔！禮物價格也無須挑選太昂貴，不然會讓受禮者產生排斥又難以啟齒的窘境。

3）可以擬一份「送禮清單」它是你的好幫手喔！在國外「禮物清單」是非常流行的一件事，尤其是結婚時候會列一長串的清單，三五好友會一起送家電、家具等在清單上面的物品來代替禮金（台灣還是以收現金、禮金最為實用）。「送禮清單」使得收禮者與送禮者都達到他們最想要的目的：皆大歡喜，在日後人際關係互動上也就會想起這是誰的心意，知道該如何回禮。假如真的不知道該送什麼禮物給對方，可以直接問對方的心意，因為答案就會在一問一答中出現了，雖然少了一份驚喜但可能多了些實用、感激與喜愛喔！

4）有句話是「禮輕情意重，心意最重要」，倘若真的收到一個不適合的禮物，也要提醒自己要有「同理心」，對方選擇送禮品可能不是你的喜愛或符合你的品味，但總要有禮貌回應與顧念到對方的心情，避免當場讓對方在當下感到非常困窘。你只要記住這禮物也是對方用心準備的，要看在「用心」的份上，而不是在禮物的價值與價格上的金額喔！

14
居家禮儀

　　走進小傑家後發現房子格局樣式跟我家是不同。我家居住在大樓中，走出家門後就是電梯。小傑家前面有個小花園，園中種植好多不同種類的花：有瑪格麗特、雛菊還有玫瑰花與桂花。在屋裡就可以聞到陣陣樸鼻的花香與青草味，清新自然真令人心曠神怡。

　　屋子內部擺設也與我家是不同，一走進屋內印入眼簾
有個非常寬敞的客廳，一套黃綠色的布沙發顯得非常有活
力與溫暖感。客廳旁有一株綠色高大的聖誕樹，樹枝端掛
有簡單的聖誕裝飾品，我想小傑很希望我們大家一起來幫
忙裝飾這棵聖誕樹，讓它更為熱鬧漂亮。客廳裡有一個壁
爐，感覺好像是故事書裡國外的住家喔！走在家裡面是不
需要換穿拖鞋，可以直接將鞋子穿入屋內。

　　客廳的牆上與櫃子上都擺著好多的相片，相片中都是小傑全家的生活照，牆壁上也掛滿家人在旅途中所拍攝的各種照片，洋溢著歡樂故事與滿滿的愛，看出小傑一家人感情十分融洽緊密。小傑家屬於獨棟式建築，可以在自己家中安排擺放許多家具；真的好方便喔！而我家是屬於大樓形式，家門口是不能擺放鞋櫃或堆放物品，因為大樓公共空間是屬於所有住戶，隨意擺放會造成其他住戶活動與行走上的不方便，會有安全上的顧慮。

　　媽咪告訴我居住地區不同，房屋樣式也會有所不同，自然也會有不同的室內裝潢與擺設。住在人多區域像公寓大廈或大樓的住家，每戶住家都要與他人共享公共空間（樓梯間或小走廊），這些公共區域都要隨時保持乾淨整潔與暢通性，才不會造成其他人居住上的困擾。比方說像我們家隔壁新鄰居，剛開始他們會把自己家的鞋櫃擺放在門外，經過大樓管理人員溝通與宣導居家安全規範後，新鄰居才開始去除障礙物後遵守大樓相關的管理規定，也保

持大樓公共空間的整齊與安全維護。

　　拜訪小傑家時我的身份是客人，就不能像在自己家裡一樣可以四處隨意的走動，要有客人的樣子。例如：不能隨意進入主人房間，不能隨意開啟別人家的冰箱或櫃子或隨意拿取別人私人的物品，而未經主人的同意也不能隨意翻閱他人的物品，因為這樣做會破壞別人空間的隱私性與權益，這些都是身為客人時應該要注意的事。

禮儀小老師給家長的小叮嚀

1）「拜訪禮儀」一直是常見的人際互動關係，在普通節日或是婚喪喜慶的互動都是能讓小孩去學習的好時機。教導技巧有當孩子有不耐煩四處跑來跑去的失控狀態，教導技巧請爸媽記得幫孩子保留自尊，切記不要當場對孩子做打罵咆哮，避免孩子覺得自尊心受損，可將孩子帶領到無人環境，耐心跟孩子說明清楚。另外遇到孩子在耍脾氣，生氣吵鬧時就讓孩子把情緒做完發洩後，再與孩子進行溝通，這樣才會有效果也能讓孩子聽進去溝通的話。

2）到別人家作客拜訪可以先與孩子溝通說明幾項要點：不要隨意開啟別人家的冰箱，勿隨意闖入別人房間（進門前應該先敲門請求允許），勿隨意取走或挪動別人物品位置，或是在別人家裡大聲吵鬧或哭鬧，這些都是父母可以先與孩子做的約定與告知的應遵守規矩，讓孩子可以清楚知道；那些動作是不尊重別人的行為。

3）如果拜訪他人家若是一進門需要脫鞋，就應順著配合對方居家習慣，而對方也會拿取適合的拖鞋供訪客來使用，切記不要隨意亂穿，避免穿到主人或家人平日習慣穿著的拖鞋（也會有衛生方面的考量）。另外就座位置也需要特別注意，順著主人指示就座，千萬不要隨意亂坐喔！避免坐到這家主人習慣坐的位子，這樣就會顯得很尷尬失禮了。

4）「拜訪禮儀」最有趣的部分是開啟孩子對外交際的觸角，不論是親戚朋友的家庭，都是孩子學習社交的好場所與時機，透過不斷的交際互動可以使孩子了解到在別人家；在外場合中就有一定的規矩禮貌需要去遵守，無法像待在自己家中一樣恣意而行，這是孩子必須要學習的禮儀規範。

5）「居住禮儀」中也需要父母要以身作則，居住空間環境裡不該去占用公用區域就要規範自己不去做，這樣孩子才有好的範本可依循。反觀若因擺放私人物品（障礙物）於公共空間內，並經常會與周遭鄰居起爭執衝突，卻要孩子們去遵守規定，這樣的作法會讓孩子產生混淆與誤解，很難有說服力喔！而居家環境的安全觀念，必須從小讓孩子習慣「尊重」與「守法」的觀念，畢竟人在群體中有時必須遵守群體中共同約定，「敦親睦鄰」先自重而後尊重他人，達到和諧相處、共好的生活方式。

15
認識餐具與使用餐具順序

　　阿姨家有個寬敞漂亮的廚房，她招呼我們到廚房去，阿姨準備了可愛又可口的小點心。梅西阿姨問我跟小傑「你們兩位小紳士可以幫我一個忙，把餐盤幫我擺在桌上嗎？」「當然可以，我們非常樂意。」梅西阿姨指出餐盤與餐具放置的位置，請我們幫忙將餐具一一擺上。小傑與我輕柔地打開櫥櫃的抽屜，拿出叉子與餐盤後就準備將它們擺放上桌。一個盤子搭配一支叉子，小心翼翼的將餐具對應座位的位置擺放，我們可是得力的小助手。梅西阿姨的烤箱內正烘烤著杯子蛋糕與蘋果派的小點心，好香濃的奶油與蛋糕香氣陣陣飄出，一股香甜帶有暖暖幸福的味道傳出，哇！這正是「幸福的味道」，阿姨為我們小朋友準備香甜的水果茶，也為自己跟媽咪準備了一杯香醇的熱咖

啡，這真是香甜愜意的下午茶聚會。

餐桌擺上一束淡雅小雛菊與滿天星，旁邊也擺上調味料罐，這餐桌頓時熱鬧了起來，有杯子蛋糕、蘋果派與燻鮭魚派，阿姨還準備一些夏威夷口味的小披薩，讓我覺得真是好豐盛的點心聚會。我要開始品嚐這些美味了，正想要拿「起士粉」來搭配我美味的披薩時，便立刻站起來伸手去拿，媽咪輕聲對我說：「我可以幫你喔！如果在用餐過程中想拿取一些你拿不到的餐點或物品時，你可以開口輕聲請求旁邊的人去幫忙你，不必自己站起來去拿，這也是屬於餐桌禮儀項目。」我便開口請旁邊的梅西阿姨幫忙我，阿姨將「起士粉」遞給我，讓我可以將它撒在披薩上讓味道變得更香濃美味，原來在餐桌用餐時，如果有需要是可以請別人幫忙你的呦！

　　媽咪說：「我們先跟阿姨與小傑品嚐『下午茶』，它是在晚餐前先用點少量的點心，聊天聯絡彼此感情的聚會，並非是要你先吃飽的嘛！下午茶安排時間通常會在下午二點半到五點半，準備有簡單鹹味、甜味小點心，搭配紅茶或咖啡（果汁）。而下午茶使用餐具大都以『西式餐具』為主，如刀、叉還有一些飲茶茶具，要注意的是當小朋友們一拿到刀叉時，就會因為覺得餐具有趣新奇（與平時用餐不同），便會開心地將餐具在手裡揮來揮去，這樣做就會變得有危險也沒有禮貌。」

　　「原來西餐的餐具這麼多，媽咪妳可以幫我們做個簡單的餐具介紹嗎？」「媽咪就先說一些關於餐具認識與簡單用餐的規定。現在的西餐已變成是一般的用餐形式，用餐時會發現有刀子（主餐刀、奶油刀）、叉子（沙拉叉、點心叉、主餐叉）、湯匙（湯匙、茶匙）、盤子（主餐盤、沙拉盤、甜點盤）、杯子（水杯、紅酒杯、白酒杯、香檳杯）與餐巾、麵包籃、奶油碟與湯碗等。

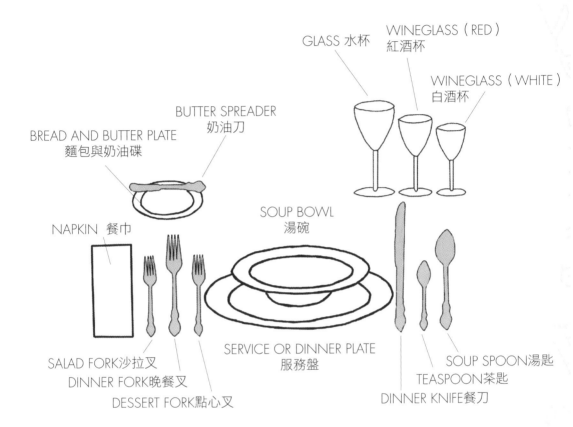

GLASS 水杯
WINEGLASS（RED）紅酒杯
WINEGLASS（WHITE）白酒杯
BUTTER SPREADER 奶油刀
BREAD AND BUTTER PLATE 麵包與奶油碟
SOUP BOWL 湯碗
NAPKIN 餐巾
SALAD FORK沙拉叉
DINNER FORK晚餐叉
DESSERT FORK點心叉
SERVICE OR DINNER PLATE 服務盤
SOUP SPOON湯匙
TEASPOON茶匙
DINNER KNIFE餐刀

　　這些餐具都有它一定的使用方式，如果你不知道它的用法，就看今天西餐上餐的菜式順序。餐具就由你手邊外側向內側順勢拿取使用即可，像我們現在的下午茶就會使用到甜點盤與點心叉，還有熱茶杯或咖啡杯還有小湯匙等的餐具，用什麼類型的餐點就會搭配有相對應的餐具。」

　　「西餐中通常有多少道菜就有多少餐具出現。刀叉是一組需要雙手一起使用。一般上菜順序為：湯、麵包、沙拉、主菜、甜點、咖啡與茶。桌上有擺放餐巾、酒杯、麵包盤與奶油刀。麵包通常搭配有奶油與專屬的盤子和奶油刀。餐巾需打開後平鋪放置在大腿上，它的用途是防止用餐時食物醬汁掉落而弄髒衣服。而桌上的水杯和酒杯永遠放在你的右手邊，使用完畢的刀叉只要放在餐盤上即可，餐廳服務人員就會將使用完畢的餐具收走。餐具是一層一層由你身體的外側往內側一一拿取使用，一直到所有餐具

都被收走，也就代表餐點食用完畢了喔！所以你不需要擔心不會使用『西式餐具』，將來艾倫一定會有很多機會可以接觸到，那時候媽咪會再一一跟你說明喔！」

　　「使用這些餐具有一點要注意：萬一你在使用的過程中不小心將餐具掉落到地面時，這時候你只要請服務人員補充一份新餐具給你就好，不需要自己低頭彎下身到桌面下去撿拾掉落的餐具喔！使用這些餐具時也應該儘量保持安靜，不要使用它（餐具）時相互碰撞或產生很大的聲響，這樣優雅慢慢用餐，就能顯出正式的『餐桌禮儀』。」

禮儀小老師給家長的小叮嚀

1）「餐桌禮儀」也是較常見的人際互動，現在父母親因工作緣故，較少有機會攜帶家中小孩出席餐會，在「餐桌禮儀」學習上就需要多花時間去教導，小朋友也需要經過多次提醒才會記住。父母教導這些禮儀時有時若失去耐心，往往學習效果就不如預期。當孩子有機會隨同父母出席宴會，也常會因開心情緒而忘記規矩，四處奔跑與大聲喧嘩，反而讓許多父母產生困擾與怒氣，產生「下次不再帶孩子出門了」，但基於禮儀的學習還是要鼓勵父母親要讓孩子多去接觸聚會，這樣孩子才能透過「模仿學習」了解禮儀的實行，這過程或許對父母是困擾的，但對禮儀學習卻是有積極學習的成效。

2）小朋友都是會樂意幫忙父母做些家事，會讓他們有長大的感覺，父母請多給予孩子口頭上的稱讚，但切記：不要拿禮物與金錢跟孩子作勞務交換，這樣會讓孩子有錯誤的觀念，認為做家事就一定要有回饋，也容易扭曲孩子的觀念。孩子透過學習家務讓他們瞭解家務不單是父母責任，而是每一位家中成員的職責，訓練孩子有分擔家務的責任，對孩子來講就是很好的禮儀訓練與責任感的培養。

3）英式下午茶大約開始於19世紀中期並開始流行於上流社會。點心架通常為3層，由最下層的三明治、中間放置司康、上層的點心依序食用。下層三明治會提供4—6種三明治給客人選擇，像有烤牛肉或煙燻鮭魚或是小黃瓜三明治都是必備。中層放置有司康與凝脂奶油、果醬，搭配司康時都會有奶油或是果醬在桌上。享用司康會先取司康至自己餐盤上，再依自己喜歡口味做果醬塗抹。司康、倫敦司康、培根起司、鹹味司康都是常見的口味。上層擺

放有各式小點心，各式各樣大多是一口大小的份量的精緻點心，若是有較大的蛋糕也會事先做切塊供人分食取用，也會提供法式蛋糕等的甜點，像麥片薑汁鬆糕、貝克韋爾塔、英式蛋塔、巴騰堡蛋糕、杏桃柳橙百果餡派等都是經常可以見到的點心種類。

4）英式下午茶的禮儀：三層點心的食用順序是：「由下往上」吃是較為正式做法，當然如果你想輕鬆地享用就不需要加以限制。至於司康吃法：可以先塗上果醬後再塗上奶油，吃完一口、再塗下一口吃。三層架上的點心，但怎麼變化下午茶都少不了有「英式鬆餅」和濃郁的果醬以及「手工餅乾」。英式下午茶如果想要加入牛奶，必須先在杯中先加鮮奶再倒入茶，而且茶杯一定要先預熱，這樣茶才能溫熱且味道香濃。

5）英式下午茶開始的時間通常為下午3點至4點開始。下午茶的茶杯、茶匙該如何做擺放，茶杯置於茶杯盤上，杯耳朝右邊；茶匙則放在杯耳下方呈現45度角。而「非正式場合」的下午茶，茶匙只需要直式放置即可。至於茶杯的正確拿法：應該以食指和拇指輕輕捏住杯耳拿起，勿將手指穿過杯耳或用手握住整個杯身喔！拿茶杯時另一手不能同時取用食物，這是用餐禮儀。另外如果坐在較高的餐桌前，而茶杯位置超過腰部上方高度時，只需要將茶杯拿起直接飲用。但若坐在較低的茶几桌前或是站立時，茶杯低於腰部下方高度，飲茶時則需要連茶杯盤子一起拿起，一手持杯另一手持杯盤喔！

6）「下午茶禮儀」其實還有一些需要注意，但有幾個共通的元素：1.茶飲需要以正確的方式去沖泡。2.茶點要準備很豐盛美味。3.茶具與布置擺設要呈現優雅感。4.用茶禮儀需要正確。掌握這幾項重點在享用下午茶就可以顯出優雅、落落大方。

7）到別人家做拜訪時，許多父母希望孩子表現是乖巧，但孩子對新奇環境與事物都充滿好奇心，開心四處奔跑都是正常的，父母要擔任引導學習的角色，帶領孩子去認識不同的生活環境，而不要去擔心孩子隨時會闖禍。當主人未就座前是不能開始用餐的，這點一定要清楚告訴孩子，也讓他們可以了解餐桌基本禮儀與何時可以開動的時機，避免孩子不清楚而會表現沒耐心的樣子。

16
暫時離座要注意的事

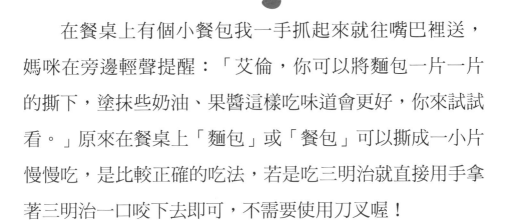

在餐桌上有個小餐包我一手抓起來就往嘴巴裡送，媽咪在旁邊輕聲提醒：「艾倫，你可以將麵包一片一片的撕下，塗抹些奶油、果醬這樣吃味道會更好，你來試試看。」原來在餐桌上「麵包」或「餐包」可以撕成一小片慢慢吃，是比較正確的吃法，若是吃三明治就直接用手拿著三明治一口咬下去即可，不需要使用刀叉喔！

學校老師有教過我們如何去使用刀叉，也告訴我們刀叉在不使用時一定要餐具放回桌面或餐盤內，不可以四處拿著它揮舞玩耍，也不要去隨意玩食物，或是將把不想吃的食物直接吐在桌面上，這樣都是不禮貌的舉動。「若是想要喝熱湯很燙，那我可以直接嘟起嘴用力吹涼熱湯嗎？」「如果送上桌的熱湯很燙，不容易入口時，要拿湯

匙來輕輕划就像划船一樣，只取熱湯上面最上的一層，因為最上層的湯是比較不燙，再慢慢將湯送入口中，而小朋友是可以用小碗將熱湯分成小分量，熱湯就比較不燙口。

吃東西時嘴巴要合起來，儘量不要發出聲音（例外：「日式拉麵」在吃的當下要發出「稀哩呼嚕」巨大的聲響，表示拉麵是美味好吃的），還有不要一邊吃著食物一邊急著要說話，這樣很容易會被嗆到而狂咳嗽。」

原來吃飯用餐還有這麼多細節，我一邊聽著就把我的手伸到桌上去撐住我的頭；稍稍休息一下。小傑小聲問我：「艾倫你很累嗎？」「沒有，我只是覺得這樣吃東西好像很舒服。」媽咪輕輕的握著我撐住頭部的手說：「小朋友如果吃飯吃到要撐住頭，這樣的姿勢在旁人看起來是

懶散的，對同桌吃飯的人也是不禮貌，所以餐桌上用餐時是不可以將手撐住頭。」「喔！我知道了，對不起，我還以為用最舒服方式吃東西就好，沒想過它是不禮貌姿勢。」

　　吃了一半我突然想去上廁所，小傑也想一起去，我便馬上跟媽咪與阿姨說：「對不起，我們兩個人想去上廁所馬上就回來。」阿姨笑說：「好的，你們兩個一起去要小心喔！」阿姨指了廁所的位置，我跟小傑感到不好意思要暫時離開座位去上廁所。當我和小傑都上完廁所，要離開時候我們都會記得把馬桶上的「沖水按鈕」按下，確定馬桶內的穢物是被水流帶走的，保持馬桶與廁所是乾淨衛生的環境。使用完馬桶一定要順手把「沖水按鈕」按下，方便下一位使用的人，

如果沒有這樣做，當別人一進來突然看見滿是黃金（穢物）或是骯髒的馬桶後，一定會覺得非常不舒服。在離開廁所時也別忘記用肥皂把雙手洗乾淨，保持雙手的乾淨，使用擦手巾或擦手紙擦乾雙手，不會讓溼答答的手把地板弄濕，避免其他人會因此滑倒，這些我們都有做到喔！小傑跟我彼此對看了一眼後開心地笑了。

禮儀小老師給家長的小叮嚀

1）每個孩子與每個人是都需要被讚美的，鼓勵比責罵的效果更佳。
　　許多孩子在父母親小心呵護下往往忘記自己也是家中成員一分
　　子，既然要分享家中每一項歡樂，當然也要幫忙家務的分擔，而
　　父母親若是想讓孩子有成長的機會與歷練，就必須訓練孩子從小
　　幫忙做家事。而在國外孩子都是從小就學習幫忙家事分擔，提早
　　讓他們有責任心與認同感，也讓孩子對家庭事務熟悉並能分擔，
　　了解身為家中成員必須要做的家事，這是訓練孩子成長與責任感
　　很好的機會。

2）「用餐禮儀」學校裡都會做教導，要讓孩子更熟悉禮儀與餐具使
　　用，而在日常生活中也應該去學習實作，所以帶孩子出外用餐就
　　是很好的學習機會，對於餐具使用方式與用餐順序，父母親也必
　　須熟悉才好，才能適時給予孩子教導。

3）在外用餐時女性切記不可將手提包放置在餐桌上，這樣不合宜也
　　顯現不懂「餐桌禮儀」。就座後使用餐巾平鋪在大腿上，不可以
　　將餐巾當圍兜或將餐巾部分塞入褲腰。假若想要召喚服務人員服
　　務時，可利用桌上服務鈴或是伸出手掌，以掌心向上微微搖動四
　　根指頭，但請不要大聲大喊「喂」或「服務員」等詞。另外用噓
　　聲或食指微微往上翹起以叫小寵物方式呼叫服務人員，都是非常
　　不尊重人的行為，要特別留心注意喔！

4）西餐用餐順序：開胃菜→生菜沙拉→湯→麵包→主菜→水果→
　　甜點→咖啡紅茶，所以一頓西餐正式需要耗時約1.5至2小時左
　　右。若用餐途中需要離開，須將餐巾折起來掛在座椅右扶手或椅
　　背上。若餐巾摺好放置餐盤上或桌上就表示要離開了。而餐具刀

叉也有相同的用餐語言：「暫時停止用餐」會將餐具擺成「八」字型，注意刀鋒部分要向內側、刀尖要向下。若是已經「不想再吃」會把刀叉並排斜放45度在餐盤上，刀鋒要向內、刀尖要向上擺，服務人員看見後就會立即把餐盤撤走。

5）刀子拿法是手掌握住刀柄，拇指按著刀柄側、食指壓在刀柄背，小指要注意不要翹起。而叉子是輔佐刀子的餐具，使用右手持叉，其餘三指支撐叉柄下方，拇指與食指按住柄部中央位置。若是使用刀子直接將食物送入口中，除了被認為不懂禮儀外，更有危險性與鄙視對方的含意。而在進食中不能拿著刀叉指著對方說話，這是一種挑釁的惡意行為。

6）無論是任何菜餚、魚、肉、蔬菜水果每次切割都只能剛好一口的份量大小，吃完這一口再切第二口食物，千萬不要一開始就先把餐盤上所有食物都切割完畢（只有媽咪帶有小小孩時才會這樣做）。西餐的餐巾布可以用擦拭嘴唇上的油漬，卻不能拿餐巾來擦臉或擦拭桌面、餐具等，這樣會顯示你真的非常不懂「用餐禮儀」。

7）在用餐環節中有一道程序是水果，每種水果的切割方式皆不相同，但有一共通原則是：水果不可以用手拿著吃。香蕉要先用刀叉去皮，然後切一口一口吃。哈密瓜或木瓜要先用刀子在果肉和果皮之間劃開分離，再切一口大小來吃。蘋果先分為四等分，並去除果心與蕊，再切一口大小吃。葡萄以刀做去皮切成兩半來吃。葡萄柚先切對半，用刀劃開果肉和果皮，再以湯匙一湯匙舀出來吃。所以每道水果都有特殊的吃法，但外面西餐廳為考量一般人對西餐與餐具使用都不甚熟悉，故不會出用餐難題給客人，大都會先以一份一口方式來製作水果餐點，才不會讓用餐客人不知所措。

8）其他注意要點：若決定出門用餐一定要先預約餐廳時間，才不會
白跑一趟。在點餐時應明白確認餐點，千萬不要說出「隨便」或
「跟他一樣」，若對餐點內容不清楚可以請教服務員，請他們幫
你做菜色介紹並且會加以說明。現在餐廳用餐是嚴禁抽菸的，請
抽菸人士多注意。女士用餐前應到化妝室卸除口紅，餐後要補妝
也應到化妝室，直接在餐桌上進行「補妝」會被認為是缺乏教養
或從事特種行業喔！當餐具掉落時千萬不要驚慌，交給服務人員
處理即可，你只需要告知服務員幫你上一份新餐具就好。

9）餐點中有義大利麵時，應右手拿叉子捲一些麵條，利用叉子切斷
後，以左手持湯匙輔佐進食，不可用吸的方式進食，更不能將長
長的麵條晃來晃去。吃披薩時一樣要以刀叉來取用，由三角形的
尖角開始切割，盡量不用手拿取披薩喔！

17
嘴上常說「請、謝謝、對不起」

　　口裡吃著美味香甜的蛋糕點心，口裡稱讚起梅西阿姨準備的點心真好吃，小傑也開心回答我：「是啊！我的媽咪真是很厲害，她不但很會煮菜，就連點心都很拿手！」

「我知道，米雪兒阿姨也要跟小傑媽咪多學習，要怎麼才能做得出這麼多美味可口的點心與料理。」媽咪稱讚梅西阿姨的好手藝，「非常歡迎妳，只要妳有空就可以過來，我們可以好好相互學習交流，也分享彼此的廚藝喔！我聽小傑說：『艾倫常稱讚他的媽咪在「德國料理」與蛋糕點心手藝上，也非常的棒喔！』我也要好好地向妳學習。」

　　原來大人們也會相互稱讚對方與相互學習，我還以為只有小朋友會將功課好、運動好的同學當作學習榜樣，沒想到大人也會彼此學習，正所謂「活到老，學到老」的意思。媽咪說：「當個媽咪也要不斷地學習新知，不管在工作、處理家務或教育小朋友觀念上，我們還需要向比我能力更好的人做看齊，以虛心誠懇的態度去做學習，這樣別人才會樂意與我們分享這些知識與技巧，我們才會變得越來越棒。媽咪也跟你們小朋友一樣，需要學習各種新事務，必須保持一顆勇於接受挑戰與不斷學習的心態，禮貌上也要維持好態度，這樣別人才會樂於給予協助，所以『有禮貌』是一種『待人接物』的態度，經常把『請』、『謝謝』、『對不起』掛在嘴上，可以減少人與人之間的摩擦；更能增加好感度。」

　　「禮貌與人際關係就像『空氣』與『輪胎』的關係，輪胎要灌飽空氣才能讓汽車跑得遠跑得久，載著你四處去遊覽。而空氣就像是禮貌，它不需要花費太多錢，但它卻

是非常重要喔！想想看如果有個人想向我借一樣物品，不說什麼就直接拿走時，你的心裡做何感想？是開心還是生氣呢？」我回答媽咪：「我會生氣不開心的。」「對方如果是帶有笑容，很有禮貌跟你說出：『艾倫，我的橡皮擦沒帶，可以跟你借用，用完馬上還你』，你是借給他還是不借？」我回答：「同學如果有禮貌跟我借，我就會借給他。那是因為對方是有禮貌的態度做詢問，如果對方口氣很差，我就不會借他了。」

　　每個人都喜歡別人對自己說話是有禮貌的，不喜歡被粗魯或無禮的行為對待。而有禮貌的孩子受到大家歡迎，也很容易融入團體中跟大家打成一片，所以小朋友要從小地方開始就要學習有禮貌對話與行為，嘴上常說「請、謝謝、對不起」，就能幫你贏得更多的友誼。

禮儀小老師給家長的小叮嚀

1）孩子禮儀與禮貌地培養必須從小紮根，父母也必須成為好的學習對象，讓孩子有一面可以學習的「鏡子」，畢竟孩子總會學習模仿父母親的行為舉止，如果想要讓孩子成為有禮有節的人，身為父母的我們一定要有警覺，言行舉止千萬不要隨時暴露出憤怒或失去耐心的模樣，避免孩子記在心並學習起父母親粗暴的言行。

2）「父母身教重於言教」當自己孩子沒禮貌時，通常別人都是視而不見，畢竟不是自己的孩子也不好説，但如果真發現自己孩子的確「沒禮貌」該如何做？

第一步：反問孩子怎麼辦？

第二步：引導孩子禮貌詢問的方法。

第三步：告訴他別人可能會有的反應。

第四步：教導孩子正確的應對方法。

第五步：適時稱讚孩子的優點，孩子會表現的更好。

以上所分享的方法提供父母做思考，該如何運用技巧去修正孩子的「不禮貌」行為，切記：切勿以威嚇方式讓孩子服從，這樣會讓孩子留下可怕的印象。

3）根據《親子天下雜誌》在2011年報告顯示，孩子在教養過程中有10種常見的不禮貌的行為：1.遇見人不主動打招呼。2.講話眼睛無法直視對方。3.接聽電話沒禮貌，不斷打擾別人講電話。4.用餐禮儀不佳。5.愛插嘴、上課愛講話。6.孩子常會説出不雅詞彙、講髒話，甚至罵三字經。7.站三七步。8.問話不但不回答，還會頂嘴。9.不知使用手機的禮節。10.開黃腔。

當這些孩子不OK行為出現時，身為父母的我們該做出改善動作，讓孩子能知道這些行為是惹人厭甚至影響到其他人觀感時，就應該予以糾正，千萬不要認為孩子以後長大就知道，畢竟父母也是要透過學習才能成為稱職的父母。

網路資料來源：取自《親子天下雜誌》23期〈10個好禮貌，怎麼教？〉作者：張瀞文、李佩芬（2011-05）。
https://www.parenting.com.tw/article/5019932-10%E5%80%8B%E5%A5%BD%E7%A6%AE%E8%B2%8C%EF%BC%8C%E6%80%8E%E9%BA%BC%E6%95%99%EF%BC%9F/?page=8

18
動手裝飾聖誕樹

　　用過下午茶後小傑開始把一箱的聖誕裝飾物品拿出，現在我們要開始將「聖誕樹」裝飾起來。一箱箱裝有可愛聖誕吊飾：有聖誕老公公、麋鹿、雪花、蝴蝶結還有各式可愛小天使的裝飾物，這些小飾品要掛在「聖誕樹」的樹枝尾端，就可以把聖誕節的氣氛妝點出來。梅西阿姨說：「聖誕節在國外就等同於是我們過的春節，家族裡所有的親朋好友都會團聚在一起、一同用餐一同分享禮物，也分享祝福給彼此，雖然聖誕節是屬於宗教性的節日，但它的意義是屬於團圓歡樂的節日，在台灣與亞洲許多國家現在都已經開始過著聖誕節。」

　　小傑與媽咪也會一同幫忙把「聖誕樹」的飾品一個個掛上樹梢，梅西阿姨一邊整理樹梢一面跟我們說故事：「知道為何有聖誕老公公嗎？」

　　有此一說「聖誕老人」來自於西元一千六百年以前有一位生活在小亞西亞（現在的土耳其）的好心主教尼古拉斯，常常在暗地裡分送禮物給需要的人。在北美洲、荷蘭和英國就把這個「送禮物」的傳統融入在聖誕節日裡。「聖誕老人」總是快樂在聖誕前一天搭乘馴鹿拉的雪橇，

而「聖誕老人」有微胖身材，會從屋子上方的煙囪爬進屋內，在好孩子床邊掛上的長襪裡留下禮物，傳說「聖誕老人」在一年的其他時間都是忙製作禮物和監督孩子們的行為喔！

　　那……梅西阿姨為何會有「聖誕樹」呢？傳統的「聖誕樹」有分成幾個部分：像在樹的頂端會放上一顆五角星星，樹下會堆放著許多包裝好未拆封的小禮物，樹枝葉上裝飾各種小飾品。而樹頂五角星星根據《新約聖經》記

載，是在耶穌誕生時天上出現一顆極亮的星（俗稱伯利恆之星），吸引幾位從東方來朝聖的博士（就是現在的阿拉伯或中東地區）。他們帶來黃金、乳香、沒藥等尊貴的禮物獻給新生兒（耶穌），這就是「聖誕樹」下會有禮物的原因。人們互相送禮的習俗，藉此來團聚聯絡彼此的感情。現代人與人之間互動比較冷淡，就會藉著「聖誕節」的日子去拉近彼此情感，相互送上祝福、彼此相互問候，這也是一種聯絡親友感情很好的方式喔！等一下還會有更多的小朋友會過來，氣氛一定會更加熱鬧，這就是聖誕節過節的意義。

禮儀小老師給家長的小叮嚀

1）孩子對節日與習俗部分都是充滿好奇的，若是由父母告知節日由來或習俗的小故事，會加強孩子對節日的印象，讓孩子會覺得過節是非常有樂趣，而家人「陪伴」則是最好的教養方式。

2）台灣節日幾乎都帶有很美的習俗與故事來由，台灣原以農業立國隨著氣候（二十四節氣）從事生產休息生活，一年到頭的節慶幾乎會與全體家人共同度過。像春節、天公生、元宵節、清明、端午、中元節、中秋節、重陽節、冬至、尾牙、除夕等，還會加上一些為了特殊對象的節日如兒童節、母親節、父親節、雙十慶典等。每個節日與祭祀活動都含有人文精神，多樣化的民俗節日展現出「人」與「宇宙」的和諧關係，提醒人要與自然環境共生共存，並存有「敬畏天地」之心，對下一代孩子都是「極重要」人文素養培育的好機會。

現在過節的氣氛漸漸淡了，因為父母親工作的關係，面對節日到來並不想太浪費精神去準備過節的種種，我們大人可以退一步思考：其實過節最重要的目的就是「維繫家人的情感，使家人對家有依賴與信任，過節也是應景與延續文化內涵的方式之一，要讓孩子養成積極樂觀的態度，父母親本身的態度就非常重要了，該怎麼捏塑孩子的個性，就看父母親如何以身作則了。

3）教導孩子過節的意義不在於採購花費多少，而是將節日背後傳達的意義告訴孩子，願在孩童們成長階段能慢慢培養有文化底蘊觀念的全人，除了智育的培養學習外，更有德行、健康、美學不同領域的知識學習，讓孩子眼界開闊成為勇於面對與負責的人，「沒法給孩子一堆魚貨，但可以教會孩子如何釣魚與一根釣竿讓他可以自由運用」。

19
認識新朋友──安娜

　　聖誕樹在大家一起動手裝飾下慢慢越來越漂亮，其他同學與小朋友們也慢慢抵達，小傑家門口的電鈴一次次響了起來；感覺熱鬧極了。小傑的爸媽忙碌出去迎接到訪的朋友，小朋友一進門都表現出有禮貌的模樣，聽到打招呼聲音都很有精神：「午安！叔叔阿姨你們好，很高興來參加你們家辦的聖誕宴會，謝謝你們的邀請！」

　　有位媽媽帶來了一位行動不方便的小女生，她自己撐著拐杖慢慢走著，到門口時有些孩子看到會主動走過去跟她打招呼，有些孩子則用手指頭指指點點，有些孩子發問：「她怎麼會撐著拐杖啊！」

　　小傑媽媽趕快請大家不要站在門口，趕快進到客廳內可以好好跟大家打招呼、介紹一下自己。小傑則大聲為大家做介紹：「她是我的好朋友——安娜，希望大家能夠多認識她，安娜是一位有禮貌又貼心好朋友，她喜歡畫畫、唱歌也唱得很好聽，相信大家一定會喜歡她，等一下也要請她跟大家一起幫忙準備晚餐的餐桌擺設喔！」這時安娜露出甜甜的笑容，很膽怯害羞地說：「大家好，我是安娜，很高興認識大家，希望也能跟大家做好朋友。」

　　「妳好安娜，我是艾倫，很開心認識妳。」我走過去跟安娜握手，接著就有其他小朋友也走向前去認識安娜，我看見安娜笑開了；她的笑容很燦爛又美麗，雖然我知道還是有些小朋友會露出害怕的臉色，但是每一個小朋友都是上帝的傑作，每一個人天生都具有不同的天賦與才能。媽咪曾說：「某些人先天因為身體有些缺陷，在行動方面是有些不方便，但是他們跟我是一樣，在聰明才智與能力與一般人是沒有任何分別的，所以面對他們不需要露出驚

訝或害怕臉色，如果我們面露嫌惡或害怕臉色，這樣做對他們是非常不尊重，會讓他們覺得很難過感到受傷！」

　　其實人與人之間的相處最重要的是要懂得互相尊重；將心比心，我們希望別人怎樣對待我們，我們便應該怎樣去對待別人。面對身心障礙的人「需要先問，再幫忙」。在別人有需要時伸出援手，這叫做幫忙。但是我們如果一廂情願的想要幫忙，只會給對方（殘障者）帶來困擾，也許他們想要自己去試試看，或許他們也還在學習當中，我們貿然出手去給予幫忙反而會影響到他們，所以對於身心障礙或肢障者要提供幫忙時「要先問，再幫忙」，這樣才不會給對方帶來困擾麻煩喔！

禮儀小老師給家長的小叮嚀

1）如何引導孩子正確對待殘障者？應該理智且明白地指導孩子擁有正確的態度。孩童由於有自我中心與極大好奇心，不能顧到別人的感受，當有殘障者在現場時，基於好奇與好玩的心態，小朋友會去模仿殘障者的外觀或行為，雖然不是有意但卻是因為好奇驅使而做出的行為，遇到這種情形時，家長不要把問題看得太嚴重，因為對孩子來說，是一個極佳的教育機會。為避免孩子的好奇心無法滿足，而更進一步去去模仿殘障者姿態，父母跟孩子說明：「對方是因為他身上某部位是生病了。」與其迴避這狀況或是發怒去斥責打罵孩子，都是不建議的教養方式，要跟孩子說明肢障者的不便與需要協助的需求，相信小朋友會有不同的做法。

2）每一個孩子都有同情心，當他了解殘障者的不幸後，就不會再繼續模仿了。身為父母也需要「以身作則」，對殘障者也要表現出關心與同理心。提供幾項教養方式，能讓孩子對殘障者的同理心更有感：

（1）讓孩子親身感受「被愛」的感情，在愛中成長的孩子比較能做分享。

（2）可以藉由「說故事」的機會灌輸孩子正確的觀念。說故事中讓孩子了解殘障者的痛苦與不便，試著反問孩子「如果你像他一樣，你會怎麼樣？」、「假如有人笑你，你會不會難過？」等問題讓孩子有更深一層的體會。

（3）用戲劇「角色扮演」方式讓孩子親身體驗不方便的感覺，讓孩子從扮演方式了解殘障者在適應日常生活需要更大的努力。

（4）帶領孩子接觸不同生活型態，有空時讓孩子有機會拜訪孤兒院或育幼院，讓孩子知道還有其他不同的生活類型。

（5）利用媒體新聞引導孩子去認識殘障者的生活，像電視、報紙等都能提供現成的題材，父母可以選擇適當能讓孩子能夠吸收的知識，讓孩子對殘障者有所認識。

3）「殘障不是傳染病」這些身心障礙的特殊兒童一樣需要朋友，一般人會因外表與主觀影響去拒絕與他們交往，或以輕視的態度對待他們。這些不愉快的經驗，會讓殘障者更加築起心牆而拒絕與外界溝通。他們常在一般兒童的無知而受到欺凌，屬於「弱勢」一群。所以父母應積極指導孩子，學習如何與特殊兒童或殘障者相處，從拒絕、歧視、同情轉而成為接納與關懷的具體行動，孩童也能從與特殊兒童相處的經驗，學習擁有尊重與體貼他人的態度。

20
絕對尊重對方身體

在裝飾聖誕樹時小朋友們陸續到達，屋內到處充滿笑鬧聲，感覺好熱鬧，有些小朋友活潑會推來推去相互玩耍，有人因為推人太大力反而去碰撞到桌椅，還有些調皮小朋友會去拉女生的頭髮，女生就會馬上不開心地生氣大叫，大家在聖誕樹附近跑來跑去，還會不小心去碰撞聖誕樹，感覺有些危險。

梅西阿姨趕快制止四處嬉鬧的小朋友：「現在大家是不是應該要幫忙去裝飾聖誕樹，而不是相互的推打嬉鬧喔！等一下還要請各位小朋友們幫忙準備晚餐，現在請大家一起先把聖誕樹裝飾好，我們就可以進行下一步驟了。」

　　不管小朋友們如何玩耍嬉鬧，都要學習去尊重別人，因為尊重別人就是尊重自己喔！未經別人同意時就去觸碰別人的東西或是身體，這樣做都不尊重別人的行為，換個角度想如果別人沒有你的同意，也去碰觸你的身體或拿走你的東西，你將會有什麼感受。「將心比心」自己不想被別人無理對待，自己就不能用無禮的方式去對待他人，正是「己所不欲；勿施於人」的道理。

　　小朋友們在一段時間的相處後，大家也開始習慣彼此，也知道對方的名字，好開心在這次的聚會裡我就認識了好多的新朋友，相信下次有機會會再一起相聚，這就是媽咪說：「透過人際關係相互交往，就可以認識更多的朋友，所以要多參加活動，以增加人際關係廣度。」

禮儀小老師給家長的小叮嚀

1）如何教孩子不能隨意去碰觸其他人身體呢？在孩子2—3歲時，父母們就應該慢慢開始教導他們身體構造、私人部位等身體特徵（可以利用故事繪本輔助）。一般的孩子對自己身體是好奇的，但並不會有意去觸碰別人的身體，而觸碰別人身體情況可能有以下：

★幼兒：六歲以下的幼童，一般在玩耍時很少會故意接觸到身體敏感的部位，有可能是會有擁抱或親吻他人的情況。

★六歲以上：男生女生會分開來玩耍，其實孩子他們就明白男女有別，不會故意去觸碰別人身體的問題。若是有這樣行為，父母親就應該去了解是「故意」還是「無意」。若是小朋友出於好奇產生「故意」，家長就要中斷活動，讓他們知道這是不恰當的玩法，如果繼續沒改善，父母便應該出面終止活動進行。玩耍時有故意去觸碰自己或他人身體敏感部位，這時家長應告訴孩子，這些都是十分不禮貌和不尊重別人的行為，會為別人帶來傷害。我們不可以強迫別人暴露身體，當然自己也不能隨意曝露身體，也不可在別人不願意的情況下，或以別人不喜歡的形式去接觸別人的身體。在此；家長也以可反問孩子，如果是你突然被掀開裙子或被觸摸身體，他們是不是也不喜歡，覺得難受。家長要讓子女明白到隱私的重要，並藉此機會向孩子提供性知識，教導他們學習認識，這對孩子一生成長與身心健全非常重要。

參考資料：http：//www.parentingheadline.com/index.php/zh/B

2）很多人的錯誤觀念裡，認為小朋友是沒有隱私跟身體界線，其實是不對的。只要是「人」都不可以隨意被侵犯，建立孩子從小對身體的自主權與維護意識，對自己身體要有保護與拒絕被侵犯的能力，而尊重別人的身體也是必要的觀念。像現在被揭露學校學生被霸凌的事件，都是孩子侵犯別人的權益，而父母親就是身為一個關鍵的教導者，對不適當的行為必須立即糾正給予正確觀念，讓孩子了解該如何做才是尊重別人的正確作法。「己所不欲，勿施於人」一直都是。

3）大人帶著小朋友出席公開活動，除了要注意禮儀的教導外，也要注意小朋友的動靜，大人們不要自己顧著自己聊天或滑手機，給孩子做不好的示範。

21
愉快的自助餐晚宴

　　小傑媽咪準備豐富的自助餐，讓來參加聖誕宴會的大朋友與小朋友們都可以自己選擇喜歡吃的食物，可以透過四處走動時去建立起彼此的友誼，「自助餐」就是很棒的餐會型態，吃多少就拿多少也不會浪費。宴客準備菜單這樣多樣化而且豐富，我想梅西阿姨應該花了許多心思，因為要考慮好多：像用餐人數、喜好或是否有特別宗教習慣等因素，為了要讓來的所有賓客吃的滿意開心，需要注意的事項真的很多且繁瑣。

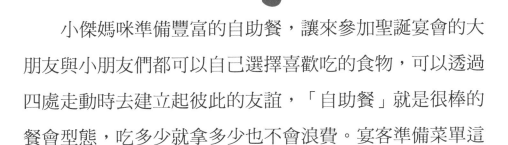

「有些人因為有宗教上的禁忌，就要先避免或改變菜單，像回教就是不吃豬肉，佛教徒不吃葷食，印度教不吃牛肉，還有其他宗教也有特殊飲食規定。」所以使用「自助餐」來招待賓客，應該是對大家最方便的宴客方式，而小傑媽咪因為工作關係必須經常宴請賓客，所以在餐點安排是非常有經驗。

梅西阿姨準備飲料、輕食沙拉、肉類、甜點、主食分別放在桌子不同區域，方便很多人可以同時取用，也準備了很多的盤子與餐具讓大家可以自由取用。阿姨在客廳與餐廳內使用長桌排列成ㄇ型，將各種餐點所放置位置畫了一張簡單「擺放圖示」，方便我們在幫忙擺放餐點時，可按餐點位置標示把餐點順利擺放上桌。大人們負責拿取較重較燙的餐點，小朋友們幫忙拿些餐具餐盤，我們一起幫忙將自助餐用餐區布置起來。我問媽咪：「這樣餐桌安排有什麼特別的用意嗎？」媽咪：「自助餐也像西餐一樣的取用方式，會有用餐先後順序，一般都會先取用沙拉或熱

湯等做餐前的餐點，搭配有麵包、乳酪或奶油。第二次取用餐點就會拿取像肉類、魚類、海鮮類等主菜享用，而拿取一盤中的食物就看你可以食用的分量，切記不要一次拿取太多，可分次去取用，最後再拿甜點、水果，取用咖啡、茶等餐後的飲料。」

原來「歐式自助餐」的規定跟吃西餐差不多，我再問媽咪：「還有什麼其他用餐禮儀需要去注意嗎？」

媽咪笑著說：「取用主餐時注意一次拿一種，不要混淆以免同一盤中的食物味道互相影響，如果你拿一盤上放了沙拉又放上甜蛋糕，旁邊又放上一些牛肉塊加醬汁，除了不太好看外美味也會打折（有鹹有甜）。每取一道菜餚時就換用一個新餐盤，不要拿著用過的餐盤再去拿取第二道菜餚，這樣再美味好吃的菜餚也會變得不好吃了。吃飯

時小朋友記得不去玩食物、敲打餐具，這樣會被認為沒有禮貌喔！等待取菜時候也不要一直說話，避免你說話的口水噴出污染了菜餚，還有吃飯時不要一邊吃一邊休息，這樣別人看你會覺得，你吃一頓飯吃得好疲累，也讓其他人覺得你似乎不太懂『餐桌禮儀』喔！」

艾倫：「原來吃自助餐還是有一些禮儀要注意，我要好好記起來，等一下我們就可以享用美味的晚餐囉！謝謝媽咪。」

禮儀小老師給家長的小叮嚀

1）自助餐還是有些禮儀必須要注意。如果去正式的西式餐廳用餐時，父母親要注意選擇較正式的服裝，男士以深色西裝為得主，女士則穿著高雅的洋裝、套裝即可，但切記女士別使用太濃烈的香水，避免香水味混淆料理本身食材的美味。

2）在入座前餐桌禮儀男士可以服務女士，請為女士移開椅子，邀請女伴女性先就座，自己再由她左側入座。而如果有攜帶皮包應該掛在椅背或放在隔壁空位上即可。

3）餐巾要放在腿上而不是圍住或綁在脖子上，不能塞在領口上（只有小寶寶可以這樣做）。若中途要暫時離開餐桌，讓餐巾折起來輕放在座椅右扶手上或椅背上，若你將餐巾折好後放在餐盤上或桌上，就表示你將離開餐廳不再回來，這是餐具呈現的「餐桌語言」。

4）刀叉使用應該右手持刀、左手持叉，使用時叉齒朝下，餐刀只能用來切割食物，千萬別以刀子代替叉子來使用，叉取食物放入口中，這樣危險也顯得非常無禮。使用刀子切割食物，先將刀子輕輕推向前，再用力拉回並向下切，這樣就不會發出刺耳吱吱聲。菜餚切成一口大小分量來食用，要吃時再切，千萬不要一次將餐盤內所有食物一次切完畢，這樣才能慢慢享用美食。

5）進食中刀叉的擺放方式應是把刀擺在盤上右側、叉在左側，當你將刀叉擺成八字形，表示暫時停止用餐。將刀叉並列盤中呈現4點20分時間的擺法時，刀鋒要向內側，刀尖要向上擺，表示你已經用餐完畢，不再繼續吃。

6）用餐時記得要儘量抬頭挺胸吃（身體坐直放輕鬆），在把面前的食物送進口中時，要以食物就口，而非彎腰以口去就食。在湯匙的部分，則需注意使用完甜品、咖啡、湯後，記得將湯匙放在托碟上，如果直接將湯匙放置在湯碗、杯子中或放置於餐桌上，都是比較不禮貌的做法。

7）用餐咀嚼食物時，記得將嘴巴閉上，儘量別說話，也別將手上餐具當指揮棒四處飛舞，維持應有禮儀做為在旁孩子的榜樣。

8）西式自助餐別一次就把食物堆滿整個盤子，這樣取用的食物味道會走味，當然就不會很可口，切記生食與熟食要儘量分開裝盤。甜味與鹹味食物也應分隔開來。

9）用餐時；吃東西時別把盤子拿起來，甚至吃東西時同時用手持著餐盤也是不禮貌。若是用餐時餐具掉落地上，你只需要輕舉右手招呼附近服務人員（在餐廳）請補充一份新餐具給你即可，不需要自己低頭彎腰去撿拾餐具。

10）用餐時儘量挑選輕鬆話題聊天，避開談論一些相關政治、輕蔑女性或是太過氣憤的時事議題，更不要在憤怒生氣下用餐，將會使用餐氣氛變糟影響食慾。也請注意不要一邊用餐一邊滑手機，更不建議將手機播放影片陪伴孩子一同用餐，這會影響到家人用餐情緒與凝聚力。

11）食用麵包時記得要用手撕成一小口，或沾取奶油或果醬一同食用。吃三角形的甜點蛋糕時，也需要更換新盤子（甜點盤），從蛋糕銳角部分開始食用。而水果不可用手拿著吃，應配合餐具取得果肉食用。所有餐點取用都應該適量取用，不足時再做第二次、第三次取用，避免一次取餐就要將所有食材全部放置在你周邊。

22
用餐真愉快

在大家合力幫忙下我們終於將自助餐的用餐區域布置完成後,聞到一陣陣食物的香味,小肚子也咕嚕咕嚕叫了起來。夜色漸漸地轉暗,聖誕樹也接上燈光亮了起來,哇!一陣讚嘆驚呼聲出現:「好漂亮的聖誕樹喔!」一株漂亮的聖誕樹閃耀在眼前,樹頂端上面有顆五角星被點亮了起來,頓時照亮每一位參加賓客的臉龐,內心頓時也溫暖了起來。

「大家別看太久喔!現在請大家往用餐區移動,要開始享受聖誕美食,但在用餐前請大家要先洗手喔!」梅西阿姨笑著招呼我們大家往用餐區移動。

　　小傑的爸媽邀請客人裡最年長的長輩——就是小傑爺爺與奶奶一同帶領大家先做簡單的謝飯禱告，再由長輩宣布：「大家開動！」

　　現在大家可以自由取用桌上美味的菜餚。由於這次邀請的賓客有很多所以小傑媽咪也增加幫手，特別邀請外燴服務前來家中幫忙，以便準備更多美味食物菜餚上桌。大家都很有規矩秩序的自動排隊去取餐，臉上充滿笑意與歡樂。對的！吃飯就是要開心愉快，這樣才會有助於消化。我跟媽咪走到自助餐桌前，拿取餐盤準備取用餐點，媽咪告訴我可以自己挑選想吃的食物，我開心地偷偷告訴媽咪：「剛剛我已經先走了一遍，看看餐桌上有哪一些菜色。我已經長大許多會儘量不去挑食，喜歡吃菜餚我不會一次拿取太多，把胃留小部分去接受去嘗試新的食物，對我也是一種味蕾的學習，這樣才會均衡營養長高，身體健康喔！

　　大家都排著隊伍很有秩序地依序拿取餐點，在挑選菜色時大家也要儘量不要去說話或咳嗽，避免去汙染美味的餐點，若是我拿不到的菜餚，我就請媽咪與旁人幫忙我去拿取。拿了食物就要放在自己的餐盤上，不可以挑選完菜餚後又反悔將菜放回去，這樣會很不衛生，而且會被認為是很沒有禮貌的行為。

　　「自助餐」雖然不像正式的西式晚餐，但是還是有很多規矩與細節需要注意，我又多學到許多規矩。嗯！小肚子已經咕嚕咕嚕地叫著，我也準備大快朵頤好好享用我的聖誕晚餐，開心地吃著晚餐，跟著媽咪與大家一同享用美食，心中有種暖暖甜甜的幸福感。

禮儀小老師給家長的小叮嚀

1）餐桌是小朋友學習「用餐禮儀」一個很棒的訓練場地，讓小朋友在用餐時有基本的禮貌，吃飯不亂走亂跑，要常說「請」、「謝謝」等，說話小聲不喧嘩，讓他了解要尊重其他人。在服裝上也要注意，讓孩子在不同場合穿著適宜的服裝，跟孩子說明服裝代表的不同意義，孩子就會漸漸了解其中的差異性。

2）餐廳內不可作的舉動：用力拍打濕紙巾（打開紙巾），這是一種十分粗魯且無理的舉動。口中含食物時仍大聲說話、高談闊論，不但失禮也不衛生。抓頭搔癢、挖耳朵摳鼻子也是失禮的行為。敲打餐具，拿餐巾繞在指尖做旋轉，在食物盤中挑三揀四，尋找自己喜歡吃的，像尋寶只挑選自己要吃的，在等候區等待取菜時高聲談笑、口沫橫飛，污染菜餚等，這些都是餐廳內讓人討厭且粗魯的行為。

3）餐桌座位：正式的餐會多會在桌面擺上名牌，入座時；必須依指定座位入座，原則上以主人位為至尊，其次是主人的右手邊、左手邊等表示尊卑順序，離主人越近表示受主人重視，而敬陪末座者，多是與主人距離最遠者。若是「自由入座」則沒有此項規定限制。

4）西餐的用餐方式與規矩其實是有些複雜的，但是到了餐桌上時，即使不懂如何進行餐點用法時，可以用眼睛先去觀察旁人的用餐狀態，再依序學習即可，不必要過於驚慌喔！

5）孩子在食量上小，所以用餐時很快就會結束，所以父母帶領孩子
　用餐時要提醒孩子用餐的速度，別讓孩子快速吃完後就無所事
　事，太過無聊而開始顯出不耐、想離開。更不要為了安靜孩子的
　情緒，索性將手機、平板電腦交給孩子，企圖用遊戲或影片讓孩
　子安靜的坐著，這樣都是不對的做法，也是不懂「用餐禮儀」的
　方式。而當孩子養成用餐時使用手機平板的習慣後，將要此惡習
　戒除又是需要一番情感拉扯，在此仍不建議在用餐時使用手機做
　安撫小朋友的方式。建議作法：仍希望在用餐時，跟孩子多聊些
　聯絡家人情感的事物，多聆聽孩子在學校與生活上有趣的分享，
　都是很不錯的做法。

23
打開聖誕節禮物的驚喜

　　這真是一次愉快的聖誕晚餐，餐後甜點更是美味可口，讓美好的宴會畫下完美句點，這是艾倫第一次在外參加正式的聖誕晚餐，還跟這麼多的大小朋友們一同用餐，這經驗真令人感到開心愉快。隨後大人們協助幫忙把用餐場地收拾乾淨，阿姨還誇讚我們幾位小朋友都很能幹會幫忙做些家事，個個都是能幹的小幫手。

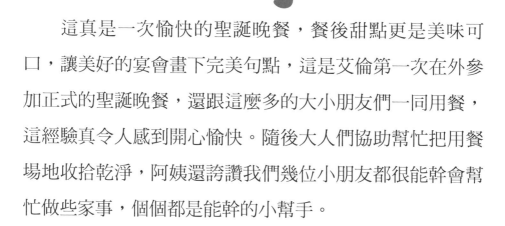

　　用餐結束後大家都聚集到客廳，大家輕鬆或坐或站圍繞在客廳，終於到了令人期待的時刻，現在我們要進行期待已久「交換禮物」。梅西阿姨給每一位參加交換禮物的小朋友一張寫著一個號碼的小紙條，另外一個相同的號碼則就放入空紙箱內，許多禮物分別被標上不同的號碼，安靜地放在聖誕樹下等待被開啟，現在就等著每位小朋友去摸出屬於自己的幸運禮物。

　　先由一位年齡最小的小朋友開始，在紙箱內先摸出一張號碼，根據號碼標示去對應聖誕樹下的小禮物，這就是專屬於你的「驚喜禮物」。再依序由小朋友們自己去紙箱內摸出屬於自己的聖誕驚喜。一陣驚呼聲，那邊穿著粉色小洋裝的安娜拆開禮物，獲得一個漂亮的棕色小熊玩偶。小傑幸運摸出很棒的禮物——是一部遙控汽車，看著小傑睜大了眼睛發出驚訝聲，看來他真的很喜歡這個聖誕禮物。

　　換我將手放入紙箱內，左右攪拌一下取出一張紙條，上面標上「23」，我抽到是「23」號的禮物，心臟砰砰地跳著，既緊張又很開心。拿到「23號」的禮物雖然它尺寸小；但包裝很精緻，因為我知道這是對方用心準備的禮物。我小心翼翼拆開紅色禮物包裝紙，哇！是一支功能齊全很棒的「手錶」，我真的好喜歡，立刻請媽咪幫忙我將手錶戴上，原來……這就是拆開驚喜禮物的心情，高興地想飛起來的感覺。

接著其他的小朋友們也陸續摸到很棒的禮物，如果小朋友對他們所拿到的「驚喜禮物」不是很滿意，也可以當場與其他的小朋友做禮物交換，這樣大家一樣都很開心，這就是聖誕交換禮物的意義：「將自己的祝福轉個方式也讓別人一樣開心，分享出愛與幸福給大家，除了珍惜更要懂得感謝」。

禮儀小老師給家長的小叮嚀

1）送孩子禮物的原則必須先和贈送的人溝通，使對方了解贈送禮物給孩子需要適可而止，不必有求必應，並可以將禮物轉變成另一種獎勵的方式。若父母若看到孩子向其他親友「要」東西時，也必須當場告訴孩子「隨便向別人要東西是不對的」。父母給孩子買玩具也要有計畫，最好配合孩子的發展、需要和興趣，同時注意給予時間和間隔，買得過多或過於頻繁，容易養成孩子喜新厭舊、貪求無厭與不知道愛惜的心態喔！

2）讓孩子挑選購買禮物常是困擾父母的問題，當我們總覺得自己給孩子太少，為了滿足自己內心那一點點不安愧疚，藉由物質的購東不斷填補與孩子之間的空隙，試圖拉近與孩子的距離時，這樣是正確的嗎？還是將孩子需索都做是彌補無法陪伴的「贖罪券」，我們帶給孩子的應該是「知識給予」與「處理危機」的能力，而不是一項玩具或遊戲卡帶，也不應該只是一頓大餐或是孩子提出的需求禮物。適當的禮物包含獎勵與正面鼓勵的含義，讓孩子在童年有個美好回憶，但並不是沒理由的滿足，禮物取得也需要有特定的日子或節日給予，甚至於特別的意義才能獲得。現在我偶爾還會天真地問：「什麼東西是錢買不到的？」我想我會回答：「陽光、空氣、水、愛、快樂、時間與健康！」給予小朋友正確的觀念與心態，可以協助他們面對未來有更多的能量與愛。

24
乘車禮儀

　　經歷了一場愉快又美好的「聖誕晚餐」後，時間也已晚了，小朋友與家長紛紛相互告別道晚安，準備返回自己溫暖的家。媽咪跟我向小傑爸媽說聲感謝，謝謝他們為了今天的聖誕宴會花費許多時間做安排，現在我們也準備返家。安迪的父母提議：因為順路可以載我們一程（安迪家與我家住的較近），媽咪同意後表示非常感謝安迪爸媽的好意，現在我們就準備搭車回家。

　　小傑的爸媽在大門口親自送別我們每一位賓客離開，

叔叔與阿姨向所有來參加的賓客一一握手，感謝每位賓客的到來使得聖誕宴會更加熱鬧無比。媽咪表達誠摯感謝，謝謝梅西阿姨的費心籌備，才讓這次聖誕餐會如此順利成功、賓主盡歡，相互道別後就送我們上車，揮手道別直到我們離開他們的視線。

安迪爸爸開車；安迪媽咪坐在旁邊副駕駛，媽咪跟我與安迪坐在車後面的位置。上車後安迪爸爸請我們都要扣上座位的「安全帶」確保我們乘坐時安全。「安全帶」扣上會有「喀答聲」確定有扣妥，才能保障乘車安全。在車上我問媽咪：「我們坐『小客車』在禮儀部分有要特別注意的地方嗎？它應該跟『搭公車』是不同的，對吧！」「是啊！我們在搭乘『小客車』時還是有些禮儀規範要注意的。就像我們搭車位置就會有所規定，各種車輛款式不同，車上座位也有分出『尊卑位置』，像現在我們搭乘的自小客車來說，最重要的位置是在哪你知道嗎？」安迪回答：「我知道，最重要的位置應該是駕駛座吧！」「嗯，

不完全對喔！還有其他的答案嗎？」

「正確來說如果開車的狀況是（以左駕座為例）：

1）是男主人駕駛車輛，女主人則坐在副駕駛座。後面的位置由尊位到卑位的順序為：右側車門位→左側車門位→中間座位。

2）若是主人開車，車上由尊到卑順序：副駕駛座位→右側車門位→左側車門位→中間座位。

3）如果是有請司機代為開車，由尊到卑順序則是：右側車門位→左側車門位→副駕駛座位。

這是一般我們自小客車座位尊卑位置的排序。另外我們乘車時也要注意在搭車時要扣上「安全帶」。攜帶幼兒搭車就一定要使用『嬰兒安全座椅』，絕對不能讓幼兒乘坐於副駕駛座。乘車時不要隨意將頭手伸出車外。開車時也不要一邊開車一邊看手機；會影響行車安全。乘車時其他人也應該注意，不要與駕駛一直說話避免他分心。還有男士應禮讓女士；先開車門讓女士先入座，如果想要下車

時，也要提早讓駕駛知道，方便他做路線安排規劃等等，這些都是乘車時要注意的安全與禮儀的部分。」

安迪媽媽附和說：「原來在『乘車禮儀』還是有許多的規矩要注意，謝謝艾倫媽咪的分享，讓我們也學習到一些乘車禮儀時的知識，快到家了，你們要整理一下準備要下車。」

司機開車——以後座右側為首位

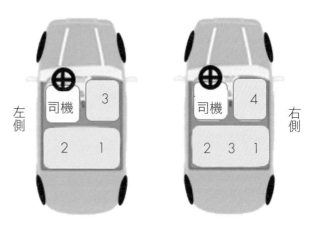

主人開車——以前座為首位

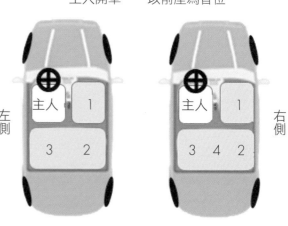

乘車座次圖（駕駛盤在左）

禮儀小老師給家長的小叮嚀

1) 一般人對於聚會後的道別通常都不太重視，「送別」是接待禮儀最後的一項，也是非常的重要。當客人準備離開時，主人應起身與客人「握手道別」。一般做法主人應陪同送行客人至家門口或大樓門口，等待客人遠去後才能返回。如果賓客有開車，則會幫忙開啟車門或送賓客上車，等賓客遠離後才返回住家。「國際禮儀」把握幾個原則：第一要端正自己的態度，其次要知道自我的身分與應對禮節，分清楚賓主、長輩或晚輩、上司或部屬男士與女士等，現今社會人與人之間的往來頻繁，在日常生活、求學、就業，經商、旅遊都會有交際接觸，若能互相有禮、具有同理心，人際關係才能相處融洽。
參考資料來源：《有禮走天下：國際禮儀手冊》中華民國外交部

2) 小朋友從小開始就建立起家庭、學校、社會之間的相互連結與遵守規矩，大都透過觀察、模仿的方式重複大人的言行舉止，所以大人們的行為都會被小朋友列為學習指標。看看小朋友的言行大都可以理解他背後家庭的環境狀況，所以父母必須謹言慎行在行為上，避免孩子學習到不良的生活習慣與態度。培養孩子社交能力與禮儀，必須要增加孩子的社交環境的接觸時間與環境，多利用讚美去增加孩子的自信心，多讓孩子去做自我意見的表達，也更應該放手讓小朋友去嘗試，唯有讓小朋友親自去實作才能使孩子印象深刻。

25
小紳士小淑女的美姿美儀

現在的我已經躺在舒服的小床上，跟著玩偶們分享豐富一天的行程。忙碌緊湊卻讓我收穫滿滿，要想成為一位禮貌周全、樂觀積極的人，真的還有許多禮儀知識要做學習。「禮貌用語」隨時要掛在嘴上，需要有「同理心」多體貼別人，這應該就是禮儀規範想達到的目的吧。

媽咪敲門後走入我的房間，「艾倫，你今天表現真的很好，越來越有小紳士的樣子，也幫上許多忙，媽咪真是開心。」「謝謝媽咪今天陪我去參加開心的『聖誕宴會』，

我今天也學習到好多關於禮儀的規矩喔！」「其實媽咪也還在學習，學習去當一位稱職的媽咪，學習該如何做能讓你了解人情世故，成為一位受歡迎的孩子，同時培養你有勇敢、優雅與端正的品行。」「媽咪，我想成為一位具有禮儀知識的小紳士，那我還需要注意那些部分？」「其實小紳士在『外在姿態』上還要需要多注意喔！比如：艾倫站立時就要站的筆直；抬頭挺胸，眼神向前看不亂瞄，身體也不要隨意亂動。站立時候肩膀要放鬆、不要聳肩，正確的站姿雖然會讓身體感覺小疲累，但如果養成習慣，身體除了保持健康外，也會維持優雅的身材與儀態。當你坐在椅子上就要想辦法將身體坐直，不要歪歪斜斜、扭來扭去，更不要隨便將手肘來撐住頭部，這樣會讓小紳士顯得非常沒有精神。行走時眼睛應該注視前方，『抬頭挺胸』顯出有精神，兩手前後輕輕擺動，不要過度用力去擺動雙手。臉上記得常帶上笑容就會有好人緣，讓人覺得這位小紳士非常有禮貌並且活力十足，這就是身為一位小紳士要

注意的身體姿態。」

　　「這些動作你平時要經常去注意到，還要確實去做到，你就不會覺得保持正直姿勢『抬頭挺胸』是很辛苦，這也就是媽咪常常會叮嚀你要注意抬頭挺胸，不要駝背也不要拖步伐走路，雖然你也會感覺媽咪很嘮叨很煩，但禮儀與優雅姿態的養成，在平常本來就需要多加注意，避免不良姿勢上身而影響了身體健康，更影響別人看待你的眼光。」

　　媽咪問你：「如果在上課時發現你的老師愁眉苦臉、彎腰駝背幫同學們上課，那時你的感覺是什麼？」「我會感覺老師應該是生病了或是心情不好」

　　「對呀！老師姿態會讓你們有其他聯想，甚至會讓你們心情受到影響，所以『姿態』與『表情』的確會影響到周遭的人，因為你們共處相同的環境裡。」「我知道了，原來維持『正確姿勢』除了會影響身體健康，更會影響周遭人的情緒，所以要維持良好的儀態才不會讓周遭的人擔心，對吧！媽咪。」

　　「好囉！時間已經很晚了，我親愛的寶貝應該也累了，現在閉上眼睛準備睡覺，願艾倫一夜好眠，晚安！」

　　「謝謝媽咪今天教會我許多事，我愛你，媽咪晚安！」

　　「寶貝，晚安！明天見。」（謝謝你，把我放進你心裡。感謝孩子你讓我成為更好的自己）

禮儀小老師給家長的小叮嚀

1）孩子再大；在父母眼中一樣是寶貝，所以常跟孩子有肢體擁抱與口頭讚美，會讓孩子更有被愛的感覺，爸媽和孩子間除了聊天說話外、溝通可增進感情，「擁抱」也是一個非常好的方式。可以在睡前、出門前或是任何時刻擁抱妳的孩子。亞洲的父母通常較為含蓄，比較不敢將「愛」表達出來，但是可以藉由「擁抱」來表達愛意。身體的記憶是無形卻深刻的，當我們與家人相互擁抱會感覺有「安全感」，會有穩定情緒的力量，也是一種傳遞溫度與能量的方式。當擁抱時會產生愉悅感覺，增加「腦內啡」的分泌，便會產生出自我肯定的能量，所以父母親們除了要多多擁抱彼此外，更要擁抱孩子；多給孩子「愛的能量」灌輸，自然孩子也會感受到，越發成長為體貼與同理心的人，多抱抱你身邊的家人吧！

2）有些父母會有疑慮多擁抱孩子，會讓孩子產生依賴感嗎？其實是「不會」。嬰幼兒時期經常得到父母愛撫、擁抱的孩子，長大後不但不會過度依賴父母，反而會有更健康的心理狀態、更強的社交能力（美國聖母大學研究發現）。但是反而擁抱不夠的孩子會感到寂寞感，覺得自己的存在是不受重視不受歡迎，反而容易產生出情緒障礙、失去安全感，影響他長大後對人的不信任、猜疑，甚至易怒。所以父母親千萬不要吝嗇去擁抱孩子，跟孩子表達出你對他們的「愛意」。

附錄一
餐具擺法與餐具擺放的語言

一、餐具擺法

1）非正式餐具擺法

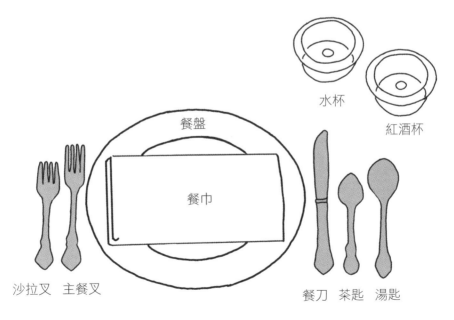

水杯

紅酒杯

餐盤

餐巾

沙拉叉　主餐叉

餐刀　茶匙　湯匙

2）正式餐具擺法

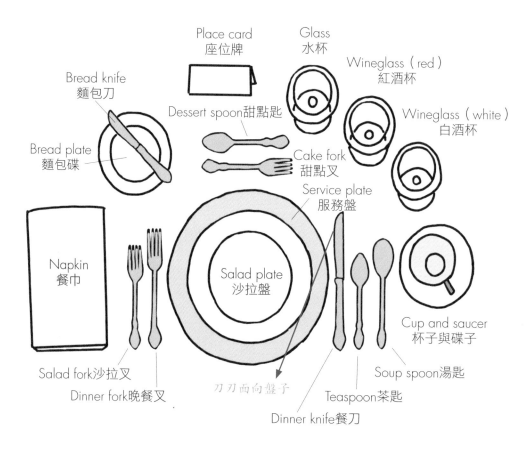

二、餐具擺放的語言

當你使用的餐具擺放在餐盤上，就有各種代表語言會出現，小朋友可學習記下來，下次有機會就可以運用得上囉！

STILL EATING

EXPECTING ANOTHER COURSE

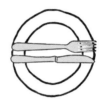

IT WAS DELICIOUS

I'VE FINISHED

I DIDN'T LIKE IT

STILL EATING：暫時休息，還沒吃完別收走。

EXPECTING ANOTHER COURSE：等第二份餐點。

IT WAS DELICIOUS：好吃極了（真美味）。

I'VE FINISHED：我吃完了，餐盤可以收走。

I DIDN'T LIKE IT：我不喜歡（給差評）。

附錄二
乘坐各種車輛時的尊卑位置

一、一般轎車

如果主人自己開車
則旁邊的座位為最尊位

如果司機開車
則司機後座右側座位為最尊位

二、遊覽車

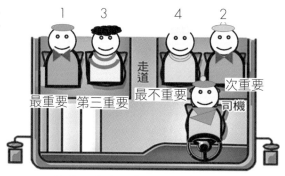

搭乘公車時，車內座位尊卑座位

三、高鐵或鐵路（靠窗戶為尊位）

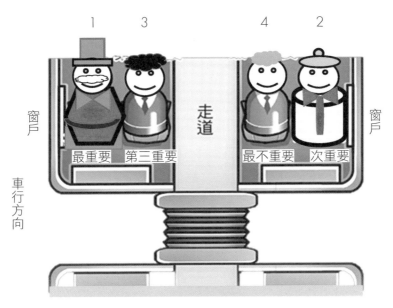

搭乘火車時，車內座位尊卑座位

國家圖書館出版品預行編目資料

寫給小朋友的國際禮儀：小紳士艾倫的聖誕節／
吳致美著. --初版.--臺中市：白象文化，2019.2
　　面；　公分.
ISBN 978-986-358-777-4（平裝）
1.國際禮儀　2.親職教育
530　　　　　　　　　　　　　107022747

寫給小朋友的國際禮儀：小紳士艾倫的聖誕節

作　　者	吳致美
校　　對	吳致美
插　　畫	黃英婷、郭姿君
專案主編	黃麗穎
出版編印	吳適意、林榮威、林孟侃、陳逸儒、黃麗穎
設計創意	張禮南、何佳諠
經銷推廣	李莉吟、莊博亞、劉育姍、李如玉
經紀企劃	張輝潭、洪怡欣、徐錦淳、黃姿虹
營運管理	林金郎、曾千熏
發 行 人	張輝潭
出版發行	白象文化事業有限公司

412台中市大里區科技路1號8樓之2（台中軟體園區）
出版專線：（04）2496-5995　　傳真：（04）2496-9901
401台中市東區和平街228巷44號（經銷部）
購書專線：（04）2220-8589　　傳真：（04）2220-8505

印　　刷	基盛印刷工場
初版一刷	2019年2月
初版二刷	2020年9月
定　　價	400元